# EUROPA

Livros do autor publicados por esta editora:

- Amor líquido
- Comunidade
- Em busca da política
- Europa
- Globalização: As conseqüências humanas
- Identidade
- O mal-estar da pós-modernidade
- Modernidade e ambivalência
- Modernidade e Holocausto
- Modernidade líquida
- Vidas desperdiçadas

Zygmunt Bauman

# EUROPA

## Uma aventura inacabada

*Tradução:*
Carlos Alberto Medeiros

Jorge ZAHAR Editor
Rio de Janeiro

Título original:
*Europe (An Unfinished Adventure)*

Tradução autorizada da primeira edição inglesa
publicada em 2004 por Polity Press,
de Cambridge, Inglaterra


Jorge Zahar Editor Ltda.
rua México 31 sobreloja
20031-144 Rio de Janeiro, RJ
tel.: (21) 2240-0226 / fax: (21) 2262-5123
e-mail: jze@zahar.com.br
site: www.zahar.com.br



Preparação de originais: Joyce Monteiro e Arthur Ituassu
Revisão tipográfica: Eduardo Faria e Maria Helena Torres

Capa: Sérgio Campante
Ilustração da capa: Europa carregada por Júpiter,
de Pierre Craubert (entre 1685 e 1744)
© Strapleton Collection/Corbis

CIP-Brasil. Catalogação-na-fonte
Sindicato Nacional dos Editores de Livros, RJ.

Bauman, Zygmunt, 1925-
B341e Europa: uma aventura inacabada/Zygmunt Bauman; tradução Carlos Alberto Medeiros. — Rio de Janeiro: Jorge Zahar Ed., 2006

Tradução de: Europe: an unfinished adventure
ISBN 85-7110-895-1

1. Civilização – Aspectos sociais – Europa. 2. Europa – Civilização. 3. Europa – História – Século XXI - Filosofia. I. Título.

CDD 940.56
05-3796 CDU 94(4)"20"

# • Sumário •

# • 1 •

# Uma aventura chamada "Europa"

Quando a Princesa Europa foi raptada por Zeus disfarçado de touro, o pai dela, Agenor, Rei de Tiro, mandou os seus filhos procurarem a irmã desaparecida. Um deles, Cadmon, navegou até Rhodes, desembarcou na Trácia e saiu a explorar as terras que mais tarde assumiriam o nome de sua infeliz irmã. Em Delfos, perguntou ao Oráculo sobre o paradeiro dela. Quanto a esse aspecto específico, a Pitonisa, fiel ao seu costume, foi evasiva – mas concedeu a Cadmon um conselho prático: "Você não vai encontrá-la. É melhor arranjar uma vaca, segui-la e forçá-la a ir em frente, sem descansar. No lugar em que ela cair exausta, construa uma cidade." Foi assim, segundo a história, que Tebas foi fundada (e também – permitam-me observar – foi logo após o ocorrido que teve início uma cadeia de eventos que forneceu a Eurípides e Sófocles os fios com os quais eles teceram a idéia européia de lei, permitindo que Édipo praticasse o que seria o arcabouço comum para o caráter, os tormentos e os dramas existenciais dos europeus). "Procurar a Europa", comenta Denis de Rougemont sobre a lição de Cadmon, "é construí-la!" "A Europa existe mediante a sua busca pelo infinito – e é isso que chamo de *aventura*."[1]

Aventura? Segundo o *Oxford English dictionary*, no inglês da Idade Média, essa palavra significava qualquer coisa que ocorrera sem planejamento – por acaso, acidente, sorte. Também significava um acontecimento cheio de perigo ou uma ameaça de perda: risco, prejuízo; um empreendimento arriscado ou uma proeza infeliz. Mais tarde, perto dos tempos modernos, "aventura" passou a significar arriscar-se: uma ousadia ou um experimento – um esforço insólito ou excitante, jamais tentado. Ao mesmo tempo nascia um derivado: o *aventureiro* – substantivo altamente ambivalente, sugerindo simultaneamente astúcia e fé cega, prudência e audácia, determinação e falta de propósito. Podemos conjecturar que essas mudanças de significado acompanharam o amadurecimento do espírito europeu: a trajetória pela qual este chegou a um acordo com a sua própria "essência".

Observemos que a saga das viagens de Cadmon não é a única história antiga a nos passar essa mensagem – longe disso. Num outro conto, os fenícios se põem ao mar para encontrar o continente mítico e tomam posse de uma realidade geográfica que se tornaria a Europa. Segundo uma outra história, após o dilúvio, Noé, quando dividiu o mundo entre os seus três filhos, enviou Jafé (diga-se de passagem, "beleza" em hebraico) à Europa para que lá seguisse a promessa/mandamento de Deus: "Sede, pois, fecundos e multiplicai-vos sobre a terra abundantemente" (Gênesis 9: 7). Ele o armou e o encorajou com a promessa de expansão infinita: "Deus ampliará Jafé" (Gênesis 9: 27), "*dilatatio*" segundo a Vulgata e os Pais da Igreja. Os comentadores da mensagem bíblica assinalam que, ao instruir os seus filhos, Noé deve ter contado apenas com a bravura e o esforço de Jafé, já que não lhe forneceu nenhum outro instrumento para o sucesso.

Há um fio comum que atravessa essas histórias: a Europa não é algo que se descubra, mas uma missão – algo a ser produzido, criado, construído. E é preciso muita engenhosidade, sentido de propósito e trabalho duro para realizar essa missão. Talvez um trabalho sem fim, um desafio eternamente a ser vencido, uma expectativa jamais alcançada.

Os contos diferem entre si, mas em todos eles a Europa é invariavelmente um local de aventura. Aventuras como as interminveis viagens realizadas para descobri-la, inventá-la ou invocá-la; viagens como as que preencheram a vida de Odisseu, que estava relutante em retornar à segurança tediosa de sua Ítaca natal, já que era mais atraído pela excitação de perigos não experimentados do que pelo conforto da rotina familiar, e que foi aclamado (talvez por essa razão) como o precursor, ou antepassado, ou protótipo, dos europeus. Estes eram os aventureiros entre os amantes da paz e da tranqüilidade: nômades compulsivos e incansáveis entre os retraídos e sedentários, errantes e sem destino entre os que prefeririam passar as suas vidas num mundo cujo limite era a cerca da aldeia.

Um antigo debate ainda não foi resolvido: será que H.G. Wells, observador curioso e perspicaz, estava certo ao afirmar que "em terra de cego quem tem um olho é rei"? Ou seria o caso de: em terra de cego quem tem um olho é apenas um monstro, uma criatura sinistra temida pelos "normais"?

Certamente, esse debate permanecerá sem solução, já que os argumentos de ambos os lados são ponderáveis e, a seu modo, persuasivos. Deve-se assinalar, no entanto, que os antagonistas nesse debate assumem uma posição do tipo "isto-ou-aquilo" quando não é um caso nem outro. Uma possibilidade que se perde nesse duelo verbal é a de uma situação do tipo "isto-e-aquilo": o homem de um olho só sendo *ao mesmo tempo* rei e ogro (com certeza, um evento que não pode ser considerado raro na história passada e presente). Amado *e* odiado. Objeto de desejo *e* ressentimento. Respeitado *e* injuriado. Um ídolo a ser reverenciado *e* um demônio a ser combatido até a última trincheira – algumas vezes simultaneamente, outras em rápida sucessão. Há situações em que o confiante rei de um olho só ignora ou rejeita, impassível, os poucos e buliçosos detratores e profetas da perdição, chamarizes de monstros, clamando no deserto. Há outras ocasiões, porém, em que o monstro de um olho só abdicaria alegremente de suas pretensões monárquicas, juntamente com as etiquetas e deveres correspondentes, correria em busca de abrigo e fecharia a porta atrás de si. Mas talvez não esteja em seu poder, e decerto não apenas no seu, escolher entre realeza e monstruosidade – como o aventureiro europeu aprendeu, e ainda está aprendendo, para a sua frustração e desespero, a partir de suas próprias e tormentosas aventuras.

Mais de dois milênios se passaram desde que os contos de origem da Europa, os contos que a originaram, foram escritos. A jornada que começou e prosseguiu como uma aventura deixou um denso e pesado depósito de orgulho e vergonha, realização e culpa. E ela já durou o suficiente para que os sonhos e as ambições se coagulassem em estereótipos, para que estes se congelassem em "essências" e para que estas se ossificassem em "verdades" tão duras quanto se presume que sejam todas as verdades. Tal como estas, espera-se que a Europa, desafiando tudo aquilo que fez dela o que ela é, seja uma realidade que possa (deva?) ser demarcada, inventariada e registrada. Numa era de territorialidade e soberania territorial, presume-se que todas as realidades sejam espacialmente definidas e territorialmente fixas – e a Europa não é exceção. Nem tampouco o "caráter europeu", ou os próprios europeus.

Alexander Wat, notável poeta de vanguarda polonês obrigado a se esquivar entre as barricadas revolucionárias e os gulags que salpicaram o continente europeu durante a sua vida, e que teve amplas oportunidades de provar na íntegra os doces sonhos e os amargos despertares do último século – notório pela abundância das esperanças e pela miserabilidade das frustrações –, examinou os baús de tesouros e as latas de lixo de sua memória para romper o mistério do "caráter europeu". Como seria um "europeu típico"? E respondeu: "Delicado, sensível, instruído, alguém que não faltaria com a palavra, não roubaria o último pedaço de pão de um faminto e não delataria os seus colegas de prisão ..." E depois de refletir acrescentou: "Conheci um homem assim. Era armênio."

Pode-se discordar da definição que Wat dá para "europeu" (afinal, é do caráter dos europeus não ter certeza sobre o seu próprio caráter, discordar e discutir infinitamente a respeito dele), mas dificilmente se discutiriam, suponho e espero eu, as duas proposições implícitas no conto moral de Wat. Em primeiro lugar, a "essência da Europa" tende a estar à frente da "Europa que realmente existe": é da essência do "ser europeu" ter uma essência que sempre está à frente da realidade, e é da essência das realidades européias sempre estar atrás da essência da Europa. Em segundo lugar, enquanto a "Europa que realmente existe", a Europa dos políticos, dos cartógrafos e de todos os seus porta-vozes nomeados ou autonomeados, pode ser uma noção geográfica e uma entidade espacialmente delimitada, a "essência" da Europa não é uma coisa nem outra. Não se é necessariamente um europeu só por ter nascido ou morar numa cidade que consta do mapa político da Europa. Mas se pode ser europeu mesmo sem jamais ter estado em qualquer dessas cidades.

Jorge Luis Borges, um dos mais eminentes entre os grandes europeus em todos os sentidos, com exceção do geográfico, escreveu sobre a "perplexidade" que não pode deixar de se manifestar quando se pensa sobre a "absurda acidentalidade" de uma identidade ligada a um lugar e a um momento particulares, assim se revelando inevitavelmente a sua proximidade com a ficção, e não com alguma coisa que possamos imaginar como "realidade".[2] Isso pode muito bem ser um traço universal de todas as identidades com base na hereditariedade e no pertencimento, mas no caso da "identidade européia" essa característica, essa "absurda acidentalidade", talvez seja mais gritante e desorientadora do que na maioria dos casos. Resumindo a atual confusão que assalta todas as tentativas de estabelecer uma identidade européia, Alex Warleigh observou recentemente que os europeus (no sentido de "cidadãos dos Estados-membros da União Européia") "tendem a enfatizar a sua diversidade e não o que têm em comum", ao passo que "ao falar de identidade 'européia' não é mais possível restringir o seu escopo aos Estados-membros da UE de qualquer forma que faça sentido do ponto de vista analítico".[3] E, como insiste o formidável historiador Norman Davies, sempre foi difícil decidir onde começa e termina a Europa – geográfica, cultural ou etnicamente. Nada mudou hoje em dia a esse respeito. A única novidade é o número crescente de comissões, congressos acadêmicos e assembléias públicas, permanentes e *ad hoc*, dedicados, exclusivamente ou quase, a tornar quadrado esse círculo particular.

Quando ouvimos alguém pronunciar a palavra "Europa", não fica imediatamente claro se esta se refere a uma realidade territorial delimitada, presa ao solo, dentro das fronteiras estabelecidas e meticulosamente desenhadas por tratados políticos e documentos jurídicos ainda não revogados, ou a uma essência livremente flutuante que não conhece divisões territoriais e que desafia todos os vínculos e limites espaciais. E é essa dificuldade, quase impossibilidade, de falar da Europa estabelecendo uma separação clara e nítida entre a questão da essência e os fatos da realidade que distingue o debate sobre a Europa da maioria das discussões a respeito de entidades dotadas de referências geográficas.

O caráter irritantemente etéreo e a obstinada extraterritorialidade da "essência" solapam e corroem a territorialidade sólida das realidades européias. A Europa geográfica nunca teve fronteiras fixas e é improvável que venha a adquiri-las enquanto a "essência" continuar existindo, já que até agora ela tem "flutuado livremente", apenas frouxamente atada, se é que chega a isso, a algum local determinado. E quando os Estados europeus tentam estabelecer as suas fronteiras "continentais" comuns e, para mantê-las, contratam guardas fortemente armados, ao lado de agentes alfandegários e de imigração, percebem que é impossível lacrá-las, torná-las estanques e impermeáveis. Qualquer linha que circunscreva a Europa será um desafio para o restante do planeta e um convite permanente à transgressão.

A Europa como ideal (podemos chamá-lo de "europeísmo") é um desafio à propriedade monopolista. Não se pode negá-la ao "outro", já que ela incorpora o fenômeno da "alteridade": na prática do europeísmo, o esforço perpétuo de separar, expelir e expulsar é constantemente frustrado pela atração, admissão e assimilação do "externo". Hans-Georg Gadamer acreditava que era essa a "vantagem particular" da Europa: seu talento para "viver com os outros, viver como o outro do outro", sua capacidade e necessidade de "aprender a viver com os outros mesmo que estes não fossem assim". "Todos nós somos outros, e todos somos nós mesmos." A vida européia é vivida na constante presença e companhia dos outros e dos diferentes, e o modo de vida europeu é uma negociação contínua que prossegue apesar da alteridade e da diferença que dividem os que estão engajados na negociação e pela negociação.[4]

Talvez seja essa internalização da diferença que marca a condição da Europa (na memorável expressão de Krzysztof Pomian) como o lugar de nascimento de uma civilização *transgressora* – uma civilização da transgressão (e vice-versa!)[5]. Podemos dizer que, a se avaliar pelos seus horizontes e ambições (embora nem sempre pelos seus feitos), essa civilização, ou essa cultura, foi e continua sendo um modo de vida que é *alérgico a fronteiras* – na verdade, a toda e qualquer *fixidez* e *finitude*. Limites a fazem sofrer muito. É como se ela traçasse as fronteiras apenas para dar vazão ao incurável impulso de transgredi-las. Trata-se de uma cultura intrinsecamente expansiva – traço intimamente interligado com o fato de a Europa ter sido o lócus da única entidade social que, além de *ser* uma civilização, também *se denominou* e se viu como tal; que é um produto da escolha, do desígnio e da capacidade administrativa – assim remodelando a totalidade das coisas, incluindo a si mesma, como um objeto inacabado-por-princípio, um objeto do escrutínio, da crítica e possivelmente da ação reparadora. Em sua versão européia, a "civilização" (ou a "cultura", conceito difícil de separar do de "civilização", apesar dos sutis argumentos dos filósofos e dos esforços, menos sutis, dos políticos nacionalistas) é um processo contínuo – sempre imperfeito, mas em luta obstinada pela perfeição – de *refazer o mundo*. Mesmo quando se executa esse processo em nome da conservação, a desesperada incapacidade das coisas de permanecerem como são, assim como o seu hábito de desafiar com sucesso todos os remendos indevidos, a menos que adequadamente realizados, é o pressuposto comum de toda a conservação. Ela é vista, incluindo os conservadores, como um *trabalho a ser feito*, e na verdade esse pressuposto é a principal razão pela qual esse trabalho é visto desse modo.

Parafraseando o dito espirituoso de Hector Hugh Munro (Saki), poderíamos dizer que o povo da Europa fez mais história do que podia consumir localmente. No que se refere à história, a Europa foi definitivamente um país exportador, apresentando (até bem recentemente) uma balança de comércio exterior consistentemente positiva...

Dizer que todo grupo humano tem "uma cultura" é banal, mas não seria banal dizer isso não fosse o fato de a Europa ter descoberto a cultura como uma atividade realizada por seres humanos no mundo humano. Foi essa descoberta que (para empregar os memoráveis termos de Martin Heidegger) impulsionou a totalidade do mundo humano para fora dos domínios sombrios do *zuhanden* (ou seja, do "à mão", e à mão de modo trivial, portanto "não-problemático"), e a transplantou para o palco profusamente iluminado do *vorhanden* (ou seja, o reino das coisas que, para caberem na mão, precisam ser observadas, manuseadas, seguras, amassadas, moldadas, tornadas diferentes do que são). Ao contrário do universo do *zuhanden*, o mundo do *vorhanden* proíbe ficar parado; é um convite constante, até uma ordem, para que se aja.

Uma vez descoberto o mundo-como-cultura, não demorou para que isso se tornasse um conhecimento comum. Foi, podemos dizer, um tipo de conhecimento singularmente inadequado à propriedade privada, que dirá ao monopólio, não importa o quanto possam se esforçar os advogados e guardiões dos "direitos de propriedade intelectual". A idéia de cultura representou, afinal, a descoberta de que *todas as coisas humanas são feitas pelo homem* e que de outra maneira não seriam humanas. Apesar desse conhecimento compartilhado, as relações entre a cultura européia, a única cultura da autodescoberta, e todas as outras culturas do planeta têm sido tudo, menos simétricas.

Como Denis de Rougemont decisivamente afirmou,[6] a Europa descobriu todas as terras do planeta, mas nenhuma delas jamais descobriu a Europa. Ela dominou sucessivamente todos os continentes, mas nunca foi dominada por nenhum deles. E ela inventou uma civilização que o resto do mundo tentou imitar ou foi compelido pela força a reproduzir, mas o processo inverso nunca aconteceu (pelo menos até agora). Todos esses são os "fatos duros" de uma história que nos trouxe, juntamente com o resto do planeta, ao lugar que todos nós compartilhamos hoje em dia. Pode-se definir a Europa, sugere de Rougemont, pela sua "função globalizante". A Europa pode ter sido, de modo consistente e por longo tempo, um recanto atipicamente arriscado do planeta – mas as aventuras em que ela se lançou em mais de dois milênios de história "mostraram-se decisivas para o conjunto da humanidade". Com efeito, tentem imaginar a história do mundo sem a presença da Europa.

Goethe chamou a cultura européia de *prometéica*. Prometeu roubou o fogo dos deuses e assim os traiu, passando o seu segredo para os humanos. Arrancado das mãos dos deuses, o fogo seria procurado avidamente por toda e qualquer família humana e triunfalmente aceso e mantido por todos os que tivessem sucesso em sua busca. Mas será que isso teria ocorrido sem a astúcia, a arrogância e a ousadia de Prometeu?

Esses fatos cruciais da história tendem a ser envergonhadamente ocultos hoje em dia, e sua lembrança é muitas vezes atacada em nome da versão atual da "correção política". O que motiva esses ataques?

Por vezes, sem dúvida, é um senso de desconforto causado pela facilidade com que qualquer afirmação das qualidades singulares e do papel histórico da Europa pode ser acusada do pecado do "eurocentrismo". Trata-se, é verdade, de uma acusação séria, mas que deve ser dirigida à antiga tendência européia ao solilóquio quando o recomendado era o diálogo; à sua preferência pela autoridade do professor e sua indignação com o papel de aprendiz; aos notórios abusos da superioridade militar e econômica que assinalaram a conspícua e secular presença da Europa na história mundial; ao tratamento arrogante que a Europa reservou a outras formas de vida humana e a seu desprezo em relação aos desejos e às vozes daqueles que as praticavam; ou às atrocidades cometidas sob o disfarce de uma missão civilizatória – mas não a uma avaliação sóbria da função da Europa como espírito fermentador e mobilizador da longa, tortuosa e amplamente inacabada unificação da humanidade planetária.

Há motivos para suspeitar que em algumas outras ocasiões o impulso de negar a singularidade européia é um tanto menos nobre – estimulado por forças diferentes da atrasada mas salutar modéstia ou do arrependimento diante da culpa. Podemos imaginar em vez disso um impulso consciente, ou mais provavelmente *sub*consciente, de lavar as mãos da Europa de algumas conseqüências antipáticas de seus dotes – das qualidades que tenderam a transformá-la num fator de "fermentação planetária" e numa forma de vida intrinsecamente expansiva e expansível (ver, por exemplo, uma recente intervenção de Gøran Therborn[7]); um desejo pouco lisonjeiro de evitar o assumir oneroso de uma dívida para com o restante da humanidade – uma dívida que ainda resta a ser paga e um imperativo moral mais agudo e constrangedor do que jamais o foi no passado?

A vergonha do passado de aventuras ou a ignomínia do desejo implícito ou explícito de sublinhar a aventura européia?

Não foi apenas a cultura que veio a ser uma descoberta/invenção européia. A Europa também inventou a necessidade e a tarefa de *cultivar a cultura.*

A cultura, permitam-me repetir, é uma atividade incessante que consiste em arrancar o mundo, fragmento por fragmento, da serena mas sonolenta inércia do *zuhanden* e transplantá-lo para o reino singularmente humano do *vorhanden* – fazer do mundo um objeto de investigação crítica e ação criativa. Esse feito se realiza mais uma vez, diariamente, em todo lugar em que vivem os seres humanos. O perpétuo renascimento e reencarnação do mundo – é nisso que consiste todo e qualquer modo humano de ser e estar neste planeta. A Europa, porém, deu um passo adiante do que era comum para o resto da humanidade – e deu esse passo antes de qualquer outro, embora, ao fazê-lo, tenha preparado o caminho para que todos os demais pudessem segui-la. Ela realizou a mesma transferência *zuhanden-vorhanden* em duas camadas: fez da própria cultura um objeto da cultura ... Primeiro o "mundo lá fora" é que foi transferido da penumbra do *zuhanden* para os holofotes e *spots* do *vorhanden* – mas então o próprio ato da transferência foi submetido à mesma operação (como diria Hegel, essa transferência primária passou da modalidade do *an sich* para a do *für sich*). O próprio modo humano de ser e estar no mundo foi reclassificado como um objeto *vorhanden*, um problema a ser enfrentado. A cultura – o próprio processo de produção do mundo humano – foi transformada em objeto da crítica teórica e prática humana e de subseqüente *cultivo*.

A Europa foi quem primeiro proclamou que "o mundo é feito pela cultura" – mas, no mesmo viés, foi também quem primeiro descobriu/decidiu que, uma vez que a cultura é feita pelos seres humanos, fazer cultura é – pode ser, deve ser – um *trabalho/vocação/tarefa/destino* humano. Foi na Europa que pela primeira vez os seres humanos se distanciaram de seu modo próprio de ser e estar no mundo e, ao fazê-lo, ganharam autonomia em relação a sua própria forma de humanidade. Como observou Eduardo Lourenço, escritor português que morou, sucessivamente, na Alemanha, no Brasil e na França, a cultura européia talvez seja, por essa razão, uma "cultura da incerteza" – uma "cultura da inquietação, da angústia e da dúvida",[8] uma cultura do desafio radical a toda e qualquer configuração da certeza. E dificilmente poderia ser de outra forma, já que *sabemos* que a cultura é um tipo de prática intelectual e espiritual que não tem *alicerce* senão, como apontou Platão muito tempo atrás, o diálogo que o pensamento realiza consigo mesmo. Mas o resultado é que nós, os europeus, talvez sejamos (como sujeitos e atores históricos da cultura) o único povo *sem identidade* – identidade fixa, ou o que se imagina e se acredita ser fixa: "nós não sabemos quem somos" e muito menos sabemos o que ainda podemos nos tornar e o que ainda podemos aprender que somos. O impulso de *saber* e/ou *tornar-nos* o que somos nunca se aquieta, assim como nunca se desfaz a suspeita sobre o que ainda podemos nos tornar se nos guiarmos por esse impulso. A cultura européia é uma cultura que não conhece o repouso. É uma cultura que se alimenta de questionar a ordem das coisas – e de questionar a maneira de questioná-la.

Outro tipo de cultura, uma cultura silenciosa, sem consciência de ser uma cultura, que mantém em segredo o conhecimento de ser uma cultura, que trabalha no anonimato ou sob pseudônimo, uma cultura que nega resolutamente as suas origens humanas e que se esconde por trás do majestoso edifício de um decreto divino e de um tribunal celeste, ou que assina uma rendição incondicional às leis inflexíveis e inescrutáveis da história – uma cultura assim pode ser um criado, um posto de combustível e uma oficina de consertos a serviço da atual rede de interações humanas a que chamamos "sociedade". A cultura européia, contudo, está longe de ser silenciosa e abnegada – e por esse motivo não pode ser senão um espinho na pele da sociedade, uma espora no seu corpo, uma dor aguda na sua consciência. Dia e noite, ela chama a sociedade para um acerto de contas e na maior parte do tempo a mantém no banco dos réus. Não aceitará o "é" como resposta ao "deve" – muito menos uma resposta final e decisiva.

A Europa se exercitou no papel de um alfaiate trabalhando sob medida para o universo humano – praticando a tarefa em si mesma. Mas, tendo tirado a máscara dos veredictos irrevogáveis dos deuses ou da natureza e, assim, revogado a plausibilidade do silêncio e da abnegação da cultura – qualquer cultura –, também desnudou e tornou vulnerável qualquer outra parte do universo humano, qualquer outra forma de convívio humano e qualquer outro padrão de interação humana. Como observou Paul Valéry no início do século passado (na época em que a Europa, então no ápice de seu domínio planetário, reconhecia ou intuía os primeiros contornos de um declive do outro lado da montanha), a "europeização" do mundo refletia o impulso da Europa em *refazer* o resto do planeta, sem culpa na consciência, de acordo com as suas próprias finalidades.

Refazer o mundo segundo o padrão europeu prometia a todos a liberdade da auto-afirmação, mas a um preço mais elevado do que a maioria dos objetos da revisão estava disposta a pagar. De todos que encontravam em suas viagens pelo mundo, os mensageiros da Europa exigiam o derradeiro sacrifício: render-se à segurança baseada na monotonia da auto-reprodução. Brandindo a injunção de Michel de Montaigne de que "não temos outro critério da verdade ou do raciocínio correto senão o exemplo e a forma das opiniões e costumes de nosso próprio país",[9] a Europa abriu caminho para a tolerância à alteridade, enquanto declarava uma guerra de atrito a todo tipo de alteridade ou semelhança que não conseguisse atingir os padrões por ela estabelecidos ou a isso se recusasse. Para a Europa, o resto do planeta não era uma fonte de *ameaças*, mas um tesouro de *desafios*.

Por muitos séculos, a Europa foi uma ciosa exportadora de seus próprios excedentes de história, incitando/forçando o resto do planeta a tomar parte como consumidores. Esses longos séculos de comércio unilateral, iníquo, agora se rebatem sobre a Europa, colocando-a face a face com a tarefa desanimadora de consumir localmente o excedente da história planetária.

Desde o início da aventura européia, mas em particular durante os séculos mais recentes e vividamente lembrados, ou pelo menos mais evocados, de sua longa história, o planeta foi, ou assim pareceu aos espíritos europeus inquietos, intrépidos e aventureiros, o *playground* da Europa. Esses séculos foram registrados nos livros europeus de história como "a era das descobertas geográficas". Descobertas européias, é claro: realizadas por enviados e emissários da Europa, e em benefício desta.

Vastas terras jaziam prostradas, esperando que as descobrissem. "Descobrir" não significava somente achar e colocar nos mapas dos navegadores. Significava desnudar os tesouros até deixá-los vazios, subutilizados ou malbaratados, ou empregá-los de todas as maneiras erradas, extravagantes ou irracionais; tesouros desperdiçados por nativos ignorantes de seu valor, veios de riquezas clamando para serem extraídas – e então recolhê-los e transferi-los para outros lugares onde poderiam ter uso melhor e mais sensato. Também significava abrir espaços imensos, mas ainda desertos ou lamentavelmente desprezados, à habitação e ao uso produtivo pelo homem.

A Europa desejava/precisava de ambas as coisas – as riquezas para preencher os esvaziados cofres reais e as terras para acomodar homens e mulheres para cuja sobrevivência física ou ambição social não havia espaço suficiente na terra natal. O planeta era um vácuo que a natureza, em sua rematada e suprema encarnação européia, abominava e se esforçava por preencher com homens destemidos, criativos, empreendedores e inflexíveis que sabiam o que eram os metais preciosos e como extraí-los dos minérios. E havia pessoas certas, prontas a preencher esse vácuo – massas imensas e em rápido crescimento.

Com efeito, quanto mais audaciosas e estimulantes se tornavam em casa as aventuras da Europa, mais numerosos eram os danos colaterais. Havia pessoas que fracassavam nos testes, cada vez mais exigentes, de qualidade, adequação e relevância, pessoas declaradas incapazes de realizar os testes em razão de seus defeitos inerentes, e aquelas que se recusavam a passar por eles porque não ligavam para os prêmios oferecidos aos que tivessem êxito ou porque temiam serem desqualificadas independentemente dos resultados. Para a sorte dos "reprovados" e dos que se preocupavam com a sua remoção, havia um planeta vazio, ou que poderia ser esvaziado, ou então visto, tratado e utilizado como se fosse vazio. Um planeta com uma quantidade suficiente de espaços vagos nos quais os problemas da Europa – e, o que era mais importante, o "problema humano" – poderiam ser despejados.

Agora, ao final da longa jornada, pode bem parecer que a necessidade contínua de despejá-los foi uma das principais, talvez a principal força motora da expansão planetária européia – a sua "missão globalizadora".

Durante séculos a Europa sentiu-se a rainha do planeta e agiu como tal. Entre os esplendores da corte real, o desconforto de ser denunciada como um monstro e apontada com reprovação podia ser minimizado como uma irritação menor, passageira, atribuída à estupidez dos que estavam para ser beneficiados pelas graças reais:

sua incapacidade de avaliar os benefícios que o domínio europeu estava destinado a prodigalizar aos dominados na plenitude do tempo. A Europa oferecia o modo de vida superior – mais aparelhado, seguro e rico, menos perigoso e mais digno. Ela oferecia uma visão da ordem jurídica que, por comparação, fazia todas as outras (des)ordens parecerem uma selva. A conquista européia era um ato enobrecedor, elevando os conquistados às alturas do verdadeiro conhecimento e da moralidade suprema. Ou pelo menos era o que a Europa acreditava.

Exceto por alguns nichos de difícil penetração, o planeta inteiro tinha sido refeito segundo o padrão europeu, aceitando de boa vontade o modo de existência transgressor que a Europa primeiro abraçou e depois espalhou para os recantos mais remotos do globo – ou a ele se rendendo com relutância. Perto do fim do século XX, a missão da Europa estava concluída – embora não necessariamente da forma e com os resultados sonhados pelos profetas e defensores do mundo da *allgemeine Vereinigung der Menschheit* de Immanuel Kant, "civilizado", amistoso, pacífico, doméstico e hospitaleiro, ou o resplandecente mundo das Luzes dos filósofos franceses, de justiça e eqüidade, do domínio da lei, da razão e da solidariedade humana. Mais que qualquer outra coisa, "a missão realmente concluída" mostrou ser a difusão global do impulso compulsivo, obsessivo e vicioso de ordenar e reordenar (codinome: modernização) e uma pressão irresistível a degradar e eliminar os modos antigos e atuais de viver e ganhar a vida, privando-os de seu valor em termos de sobrevivência e de sua capacidade de realçar a existência (codinome: progresso econômico): as duas *spécialités de la maison européenne* responsáveis pelo mais prolífico suprimento de "restos humanos".

Hoje parece que a escolha entre o papel da realeza e a condição de monstro foi arrancada das mãos da aventura chamada Europa, e nenhum dos estratagemas que ela testou em sua longa carreira parece adequado para recuperá-la. Em sua visita a Póznanem, Wolf Lepenies recitou uma longa lista de razões pelas quais a Europa, aquele "velho continente num mundo jovem" (como Goethe previu que ela inevitavelmente se tornaria ao fim de sua aventura excitante e proveitosa, mas temporalmente limitada), ainda tão segura de si há pouco, agora se sente abatida, confusa e cada vez mais apreensiva.[10] A Europa está ficando grisalha num mundo que se torna mais jovem a cada ano: os demógrafos nos dizem que na década atual o número de europeus com menos de 20 anos de idade cairá 11 por cento, enquanto o de pessoas com mais de 60 será acrescido da metade. Haverá, ao que parece, um bolo menor para dividir por um número maior de comensais.

A tendência geral deixa pouco espaço à imaginação: Alemanha, Grã-Bretanha e França, que não faz muito tempo eram gigantes econômicos em meio a anões, estão a pique de descer, respectivamente, para a 10ª, a 19ª e a 20ª posições no ranking mundial. Podem muito bem tornar-se NPDs (novos países em declínio) tipo dois, baixas em meio ao exuberante crescimento e à irresistível ascensão dos NPDs (novos países em desenvolvimento) tipo um, por estes empurrados, com crescente vigor, ladeira abaixo e para o fim da fila. Segundo os prognósticos do Fundo Monetário Internacional, em 2010 três países europeus do grupo dos sete mais ricos (Itália, Grã-Bretanha e França) deverão ser substituídos por potências econômicas mais jovens – se as mudanças no poder econômico se refletirem na alocação das honrarias políticas.

E "à medida que a superioridade produtiva da Europa se deteriora", conclui Lepenies, "as idéias européias perdem importância diante de outros sistemas intelectuais de ponta". É pouco consolador pensar que a maravilhosa e espetacular transformação dos destinatários, objetos passivos da "missão européia" – até recentemente vistos como pouco mais que figurantes na peça escrita e produzida pela Europa no teatro planetário –, em atores de primeira linha, corajosos, trabalhadores, surpreendentemente talentosos e criativos, pode ser o resultado da concretização dessa mesma missão. Mesmo que essa transformação tenha sido, ao menos em parte, propiciada pela Europa, no fim não resultou em proveito para ela, e os seus beneficiários não admitem ser da Europa, nem tampouco são reconhecidos como tal.

Para a sua grande tristeza e consternação, a Europa descobre a possibilidade, de fato a probabilidade, da "modernização sem ocidentalização" (leia-se: sem "europeização") – a possibilidade de que os autonomeados professores venham a ser superados e ultrapassados pelos antigos discípulos, sem que os seus ensinamentos sejam reconhecidos com gratidão. Na literatura atual, a mistura de perplexidade e frustração foi apelidada de "crise da identidade européia". "Nós perdemos", lamenta-se Lepenies, "o desejo e a capacidade de nos orientarmos à longa distância." E, "tendo perdido a capacidade de pensar a longo prazo ... as elites européias deixaram de oferecer um exemplo atraente a ser seguido".

Outra conseqüência imprevista – embora, em retrospecto, dificilmente imprevisível – do sucesso mundial da missão européia: as partes do globo mais recentemente "europeizadas" estão se confrontando agora com um fenômeno anteriormente desconhecido – o "excedente populacional" e o problema de sua remoção, e isso num momento em que o planeta já está ocupado e não há mais "terras vazias" para servirem de depósitos de lixo. Não há terras vizinhas ou distantes inclinadas a convidar esses excedentes, nem será fácil forçá-las a aceitá-los e acomodá-los, como ocorreu com esses próprios países no passado. Os "retardatários da modernidade (nascida na Europa)" são deixados a cozinhar no próprio caldo e a procurar, desesperadamente, mas em vão, soluções locais para problemas causados globalmente.

As guerras e massacres tribais, a proliferação de "exércitos guerrilheiros" (que freqüentemente não passam de gangues maldisfarçadas) ocupados em dizimar uns aos outros, mas nesse processo absorvendo e aniquilando o "excedente populacional" (na maioria jovens destituídos de perspectivas, sem possibilidade de emprego em seu próprio país) são uma dessas "soluções locais para problemas globais" que os "retardatários da modernidade" tendem a utilizar. Centenas de milhares de pessoas são expulsas de seus lares, assassinadas ou forçadas a fugir de seus países destruídos e devastados. Talvez a indústria mais florescente nas terras dos retardatários (tortuosa e fraudulentamente apelidadas de "países em desenvolvimento") seja a produção em massa de refugiados. Foi o produto dessa indústria, cada vez mais prolífico, que o primeiro-ministro britânico – antecipando ou ecoando os sentimentos prevalecentes no restante de uma Europa surpresa e alarmada – propôs recentemente que se descarregue "perto de seus países natais", em campos permanentemente temporários (tortuosa e fraudulentamente apelidados de "refúgios seguros"), a fim de que os "problemas locais" dos povos locais permaneçam locais, e cortando assim pela raiz quaisquer tentativas dos retardatários de seguirem o exemplo dos pioneiros da modernidade em sua busca de soluções globais (as únicas eficazes) para problemas produzidos localmente.

Ainda que sinceros, os esforços dos governos europeus para deter e controlar estritamente a onda de "imigração econômica" não têm, e provavelmente não podem ter, cem por cento de êxito. A miséria prolongada leva milhões ao desespero e, na era do crime globalizado, é difícil imaginar que faltem organizações criminosas ávidas por lucrar alguns bilhões a partir desse desespero. Daí os milhões de migrantes vagando pelas rotas um dia percorridas pelas "populações excedentes" descarregadas pelas estufas da modernidade européia – só que na direção contrária e (pelo menos até agora) sem o auxílio dos exércitos de conquistadores, comerciantes e missionários. As dimensões plenas dessa conseqüência e as suas diversas repercussões ainda estão por ser destrinchadas, absorvidas, observadas e avaliadas.

Por enquanto, a Europa e seus filhotes/postos avançados (como os Estados Unidos ou a Austrália) parecem buscar a resposta de problemas estranhos em políticas igualmente estranhas, dificilmente praticadas na história européia. Políticas voltadas para dentro, e não para fora, centrípetas e não centrífugas, implosivas em vez de explosivas – tais como entrincheirar-se, fechar-se, construir cercas equipadas com uma rede de máquinas de raios X e câmeras de TV de circuito fechado, colocar mais agentes dentro das cabines de imigração e mais guardas de fronteira fora delas, tornar mais restritivas as leis de imigração e naturalização, manter os refugiados em campos isolados e estritamente guardados e impedir a chegada de outros antes que eles tenham a chance de reivindicar o status de refugiado ou pessoa em busca de asilo – em suma, lacrar os seus domínios contra as multidões que lhes batem às portas enquanto fazem muito pouco, se é que alguma coisa, para aliviar essa pressão eliminando as suas causas.

Naomi Klein observou uma tendência crescente e cada vez mais difundida (liderada pela União Européia, mas seguida de perto pelos Estados Unidos) no sentido de uma "fortaleza regional em múltiplas camadas".

> Um continente-fortaleza é um bloco de nações que junta forças para obter termos de comércio favoráveis de outros países, ao mesmo tempo em que patrulham suas fronteiras externas comuns para manter do lado de fora as pessoas desses países. Mas se um continente quer seriamente ser uma fortaleza, também deve convidar um ou dois países pobres para dentro de suas muralhas, já que alguém tem de fazer o trabalho sujo e pesado.[11]

O NAFTA, a ampliação do mercado interno americano para incorporar o Canadá e o México ("depois do petróleo", assinala Naomi Klein, "a mão-de-obra imigrante é o combustível que impulsiona a economia do sudoeste" americano), foi complementado em julho de 2001 por um "Plano Sur", pelo qual o governo mexicano assumiu a responsabilidade pelo policiamento maciço de sua fronteira meridional a fim de interromper efetivamente a onda de restos humanos empobrecidos que flui dos países latino-americanos para os Estados Unidos. Desde então, centenas de milhares de migrantes têm sido detidos, encarcerados e deportados pela polícia mexicana antes de atingir a fronteira com os Estados Unidos. Quanto à Fortaleza Europa, sugere Naomi Klein, "Polônia, Bulgária, Hungria e República Tcheca são os servos pós-modernos, fornecendo mão-de-obra mal-remunerada para as fábricas em que se produzem roupas, automóveis e artigos eletrônicos por 20 a 25 por cento do custo de produzi-los na Europa Ocidental". Dentro dos continentes-fortalezas, colocou-se em prática "uma nova hierarquia social" na tentativa de obter o equilíbrio entre postulados gritantemente contraditórios, mas igualmente vitais: de fronteiras herméticas e de fácil acesso a mão-de-obra barata, dócil e pouco exigente, pronta a aceitar e fazer o que lhe ofereçam; ou do livre comércio e da necessidade de explorar os sentimentos antiimigrantes – a tábua de salvação a que se apegam os governos encarregados de zelar pela declinante soberania dos Estados-nações. "Como se manter aberto aos negócios e fechado às pessoas?", pergunta Klein. E responde: "Fácil. Primeiro se amplia o perímetro. Depois fecha-se o portão."

Os fundos que a União Européia transferiu de boa vontade e sem pechinchar para os países da Europa Central e Oriental, candidatos ao acesso, foram aqueles destinados à fortificação de suas fronteiras orientais.

De alguma forma, o mundo "lá fora" deixou de ser visto pelos europeus como um lugar de excitantes aventuras e estimulantes desafios. O planeta não parece mais convidativo e hospitaleiro, nem é percebido como um palco vazio para incontáveis façanhas heróicas e gloriosos feitos inauditos. Ele agora parece hostil e ameaçador – eriçando-se com toda a espécie de armadilhas, emboscadas e outros perigos indizíveis para os incautos; cheio de terras fervilhantes de ódio, repletas de trapaceiros e conspiradores – malandros traiçoeiros e perversos, prontos a realizarem malfeitorias imagináveis e inimagináveis. "Nós" não iremos *lá* (a não ser num feriado – de preferência aos hotéis de praia proibidos a todos os nativos que não sejam *barmen*, garçons e arrumadeiras). Quanto a "eles" – devem ser impedidos de vir para *cá*.

"Criada para garantir a livre circulação dentro da União Européia, a 'área Schengen'* se tornou uma formidável ferramenta para controlar e registrar os movimentos de seus cidadãos", como des-

* O nome "Schengen" se refere a uma cidadezinha de Luxemburgo. Em junho de 1985, sete países da União Européia assinaram um tratado para eliminar os postos de verificação e controle em suas fronteiras internas. Outros países aderiram ao tratado nos anos seguintes, chegando ao total de 15: Áustria, Bélgica, Dinamarca, Finlândia, França, Alemanha, Islândia, Itália, Grécia, Luxemburgo, Holanda, Noruega, Portugal, Espanha e Suécia. Com exceção da Noruega e da Islândia, todos são membros da União Européia. (N.T.)

cobriu Jelle van Buuren.[12] Entre mais de um milhão de pessoas registradas nos computadores Schengen até 2001, 90 por cento eram "indesejáveis". Desde então as coisas progrediram rapidamente, sob o impulso das novas condições do alerta de segurança e da lei semimarcial. Agora se pretende registrar uma série de dados pessoais sobre todo homem e mulher que entre no território Schengen com um visto (os Estados Unidos, como de hábito, foram os primeiros a pôr isso em prática, decidindo tirar as impressões digitais e fotografar todos os estrangeiros portadores de vistos). Caso não se registre a partida no prazo permitido, o acusado será declarado "ilegal", sujeito a ser preso e banido para sempre da Europa. Numa radical mudança de objetivo, o Conselho Europeu publicou, em 6 de novembro de 2001, um documento pelo qual o "sistema Schengen" deveria servir para "aperfeiçoar a segurança interna" dos habitantes da Europa por meio do controle estrito de todos os visitantes. Acoplado às novas e rigorosas restrições impostas aos pedidos de asilo, o resultado imediato foi (nas palavras da Anistia Internacional) "um insulto aos que fugiram da perseguição, da tortura e de uma possível morte".[13]

Como logo se evidenciou, embora se pudesse negar aos forasteiros (refugiados, pessoas vivendo a pão e água ou em busca de asilo) alguns de seus direitos humanos, o fardo do novo regime de segurança não pouparia os cidadãos da União Européia e seus Estados-membros. Em nome da segurança ameaçada pela hostilidade do planeta, medidas de que não se ouvia falar praticamente desde os tempos do *habeas corpus* foram introduzidas num país depois do outro para permitir o encarceramento "preventivo", ao arbítrio da polícia secreta e sem julgamento, a rotineira violação da privacidade, o acesso dos serviços secretos às informações mais íntimas relativas a qualquer suspeito – não importa a fragilidade ou o absoluto equívoco das razões invocadas para essa suspeita.

Seria possível (e necessário) argumentar que, num planeta percebido como hostil, insidioso e pérfido (com exceção de alguns enclaves vistos atualmente como "amistosos"), defender a democracia e as liberdades individuais num país tomado isoladamente, ou mesmo numa federação de diversos países reunidos por trás das muralhas de uma "fortaleza regional", deve ser uma tarefa desanimadora, talvez impossível. *Defender a liberdade tornou-se agora uma tarefa global* – e nesse caso, como em todos os outros enfrentados localmente, mas agora emaranhados numa rede de dependências que nada tem de local, as soluções para os problemas gestados globalmente só podem ser globais.

É hora de voltar a nossa pergunta: a secular aventura européia estaria perdendo gás e se aproximando do término?

Wolf Lepenies parece pensar que sim. De qualquer maneira, na palestra já citada, Lepenies alertou os ouvintes para o fato de que a Europa perdeu, em grande medida, a sua orientação de longo prazo, juntamente com a vontade de ressuscitá-la e voltar a dominá-la. Também os preveniu de que, privada das qualidades que eram a sua marca registrada, a Europa deixou de ser um exemplo atraente para os outros habitantes deste planeta compartilhado.

Podemos ir um passo adiante e observar que os governos da Europa perderam a visão, principalmente a visão de longo prazo, diferente das políticas de "solução de problemas" e "administração de crises" calculadas para períodos de tempo que raramente ultrapassam a próxima eleição para o parlamento. Pior que isso, a Europa como um todo perdeu o impulso e o desejo de aventura – pela excitação de assumir riscos, pela busca de novos e inexplorados horizontes e pela abertura de novas e inexploradas trilhas. É essa, pelo menos, a impressão que se tem ao ouvir as pessoas das nações em nome das quais a Europa decidiu falar e agir. Ao ler o texto do Tratado de Maastricht – o documento que esboça o futuro da Europa e o objetivo para o qual meio bilhão de europeus são estimulados a trabalhar –, dificilmente se ficaria dominado pelo tipo de "patriotismo constitucional" em que Jürgen Habermas discerne uma emergente versão desintoxicada dos sentimentos nacionais e comunitários – ou, quanto a isso, por qualquer outro sentimento forte, com exceção do tédio e do enfado. Se o Tratado de Maastricht, ou o subseqüente Tratado do Acesso, é o equivalente contemporâneo da Declaração dos Direitos do Homem e do Cidadão, da Declaração de Independência americana ou do Manifesto Comunista, parece haver pouca esperança quanto ao próximo capítulo da aventura européia. Mais especificamente, de que a Europa mantenha o seu destino/vocação de ser o fermento global de uma história globalmente compartilhada ...

Promover o "modo de vida ocidental" como o padrão superior que todos os outros deviam seguir não é mais, como Couze Venn adequadamente apontou, "legitimado em termos das grandes narrativas humanistas do Iluminismo".[14] Com efeito, "as forças do novo poder disciplinador" tentam vender a nova "ordem mundial" a que presidem em nome da eficiência, da flexibilidade e da marketização – termos que, podemos acrescentar, quando traduzidos para as línguas nativas longe da metrópole, adquirem os significados sinistros de insegurança, perda dos meios de subsistência, precariedade existencial, negação da dignidade e supressão das perspectivas de vida. "O fim da Guerra Fria/Guerra do Terceiro Mundo", sugere Venn, "liberou o capitalismo da necessidade de responder aos chamados à responsabilidade ... Ele perdeu a capacidade de reagir ao sofrimento."

O que é que o Ocidente, representado aos olhos do mundo por seus autonomeados líderes americanos, oferece à parte sofredora do planeta? Uns poucos exemplos tirados das políticas implementadas depois da guerra do Iraque (sob o codinome de "reconstrução") e cotejadas mais recentemente por Antonia Juhasz, do Fórum Internacional sobre a Globalização,[15] revelam o significado latente – mas palpavelmente óbvio para os que estão na ponta receptora – da atual cruzada mundial pelo livre comércio. Deixemos de lado – porque já foram amplamente divulgadas e rejeitadas como efeitos colaterais (inevitáveis e demonstravelmente provisórios) da guerra – as conseqüências diretas da intervenção militar ocidental, tais como a taxa de desemprego de 50 a 70 por cento, o acentuado aumento da mortalidade materna e da incidência de doenças causadas pela má qualidade da água, assim como de outras que poderiam ser evitadas pela vacinação, e a duplicação do nível de desnutrição aguda, para nos concentrarmos na maneira como se pretende proceder à *reconstrução* do Iraque no pós-guerra sob os auspícios da "marketização ocidental como reforço à eficiência". A reconstrução do sistema de fornecimento de água ficou a cargo da Bechtel Corporation, mesmo depois que as contas de água triplicaram em Cochabamba, na Bolívia, há não muito tempo, depois de um projeto semelhante, e que famílias com renda de 60 dólares tenham recebido contas de água de 20 dólares após a "modernização" do sistema (seguiram-se distúrbios de rua, o que forçou o governo boliviano a cancelar o contrato – ao que a Bechtel reagiu com um processo exigindo 25 milhões de dólares de indenização). Outra companhia, a MCI, recentemente acusada e condenada por fraude em negócios realizados com o seu antigo nome de WorldCom, foi contratada para estabelecer a rede iraquiana de telefonia sem fio. Outra empresa foi incumbida de construir, ao custo de 15 milhões de dólares, uma fábrica de cimento que acabou sendo erigida por um empresário iraquiano por 80 mil. Mas a Ordem 39, emitida por Paul Bremer, nomeado governador do Iraque pela coalizão, proíbe que os futuros governantes nativos "restrinjam o acesso de proprietários estrangeiros a qualquer setor da economia", enquanto ao mesmo tempo autoriza os investidores estrangeiros a "transferir para o exterior, sem protelação, todos os fundos associados ao investimento, inclusive ações ou lucros e dividendos". Poderíamos desculpar os nativos por traduzirem "triunfo da liberdade e da democracia" por roubo organizado de recursos e promoção de uma sistemática e oficialmente endossada corrupção.

Ao lado dos americanos e dos japoneses, os europeus são hoje em dia os turistas mais zelosos e infatigáveis: a milhagem pessoal anual dos europeus provavelmente supera a dos nativos de outros continentes. Mas a Europa está introspectiva. Para a maioria dos *globe-trotters* europeus, o resto do mundo não é mais uma missão, mas um ponto turístico. Desde que, evidentemente, o serviço seja rápido e os empregados sorridentes, que as instalações integradas e o suprimento do bar estejam em ordem, e que haja guardas armados e câmeras de TV de circuito fechado montando sentinela – e que o preço seja justo.

Os turistas dificilmente se engajam em interações demoradas com os nativos. Se discutem, é geralmente para pechinchar os preços dos produtos. As relações entre turistas e nativos se dão estritamente na base de serviço por dinheiro. Os turistas se encontram com os nativos como compradores e vendedores – sorrindo, claro, mas nada pessoal, você sabe ... Realizada a transação, cada qual segue o seu caminho. É o comércio que nos aproxima, pelo tempo que leva trocar mercadorias por dinheiro, e deixemos o resto onde e como deve ficar: em silêncio. O que temos a oferecer um ao outro tem o seu preço de mercado. Tendo este falado, nada resta a ser dito – e quem somos nós para discutir os veredictos do mercado?

Nem todo europeu (ou americano) viaja pelo mundo como turista. Alguns vão a lugares distantes para vender produtos. No caso de alguns deles – os que fazem parte do serviço diplomático ou estão em algum outro tipo de missão oficial – o "produto" que "vendem" é o seu próprio país ou continente, e o que querem é o direito deles e daqueles dos quais são porta-vozes, de continuar vendo e tratando o resto do planeta como uma série de pontos turísticos e postos comerciais. Naomi Klein descreve a experiência de um desses vendedores itinerantes, Charlotte Beers, subsecretária de Estado americana para Diplomacia e Assuntos Públicos (e, assim, não uma européia de primeira geração, mas também não tão distante dos modos europeus), encarregada pelo governo americano de "retificar a imagem dos Estados Unidos no exterior":

> quando Beers foi em missão ao Egito em janeiro [de 2002] para melhorar a imagem dos Estados Unidos entre os "formadores de opinião" do mundo árabe, a coisa não funcionou bem. Muhammad Abdel Hadi, um dos editores do jornal *Al Ahram*, saiu do encontro com ela frustrado pelo fato de Beers parecer mais interessada em falar vagamente dos valores americanos do que de políticas específicas de seu país. "Por mais que você se esforce para fazê-los entender", disse ele, "eles não conseguem."[16]

Klein se refere ao unilateralismo dos americanos em face das leis internacionais, ao fato de iniciarem ou promoverem a ampliação das disparidades de renda, à perseguição aos imigrantes e às violações dos direitos humanos – para concluir que "o problema dos Estados Unidos não é o rótulo ... mas o produto." "Se eles [os nativos obrigados a suportar o choque provocado por essas políticas] estão com raiva, como de fato milhões deles estão, é porque viram as promessas serem traídas pela política americana." O que eles "vêem" e reparam não são apenas os confortáveis tênis Nike e as sedutoras bonecas Barbie dos quais se espera desempenhar o papel de embaixadores itinerantes dos valores americanos (ocidentais) e das alegrias que a liberdade e a democracia podem proporcionar. "Eles" sabem, por experiência própria, que as "viagens dos tênis Nike" podem levar "até as abusivas e exploradoras fábricas do Vietnã, e as roupinhas da Barbie ao trabalho infantil em Sumatra" – e que algumas multinacionais, confiantes no apoio e na proteção de mísseis inteligentes prontos a promover os valores americanos (e ocidentais) onde estes não sejam bem-vindos, "longe de nivelar o campo global com empregos e tecnologia para todos, estão no processo de explorar os mais pobres do planeta ... em busca de lucros inimagináveis".[17]

Poucas pessoas no mundo podem ter deixado de ouvir a mensagem de liberdade e democracia, repetida por qualquer motivo e sem motivo. Se, contudo, os muitos que ouviram a mensagem tentassem desvelar o seu conteúdo observando o comportamento dos remetentes, seria possível desculpá-los por traduzirem "liberdade" por egoísmo, cupidez, ambição e pelo preceito de cada um por si e quem ficar para trás que pague o pato, e "democracia" por "manda quem pode". Pode-se perdoá-los por olharem de soslaio para as mensagens ou para os seus remetentes, dos quais suspeitam ser responsáveis pela trapaça.

Com uma dose de boa vontade, pode-se compreender por que essas pessoas insistem numa tradução que rejeita os conteúdos manifestos da mensagem. O que elas sabem muito bem pela experiência do dia-a-dia é que render-se às regras dos mercados planetários, o que tem sido proclamado como a condição para a liberdade e a democracia, à concorrência feroz que essas regras colocam no lugar da cooperação e da assistência amistosas, e às subseqüentes privatização e desregulamentação maciças vai privá-las de postos de trabalho, fazendas, lares e comunidades, pouco oferecendo em troca: escolas e hospitais em número muito menor que o necessário, carência de eletricidade ou de água potável e, acima de tudo, de dignidade humana e de perspectiva de uma vida melhor. Até o momento os lances do mercado no leilão da dominação global, para citar Naomi Klein pela última vez,

> têm produzido exércitos de pessoas deslocadas, cujos serviços não são mais necessários, cujos estilos de vida são rejeitados como "atrasados", cujas necessidades básicas não são satisfeitas. [As] cercas da exclusão social podem descartar toda uma indústria, e também rejeitar todo um país, como aconteceu com a Argentina. No caso da África, essencialmente um continente inteiro pode se ver exilado para o mundo das sombras globais, banido do mapa e do noticiário, aparecendo apenas em tempo de guerra, quando os seus cidadãos são vistos com suspeita, como potenciais milicianos, terroristas ou fanáticos antiamericanos.[18]

Há, como se poderia esperar, uma reação a essa ação e a suas conseqüências, planejadas ou inadvertidas, ostensivas ou abafadas. Ryszard Kapuscinski observa uma profunda mudança no humor planetário, sub-reptícia, subterrânea e dificilmente ou nunca notada pelos empresários ou artífices itinerantes do conhecimento, ou pelos turistas confortavelmente enclausurados nos casulos aconchegantes de suas *nowherevilles* construídas por encomenda – mas uma mudança que, não obstante, pareceria seminal e cheia de presságios se fosse notada e examinada com rigor, particularmente por olhos europeus.[19]

No curso dos cinco últimos séculos, a mentalidade quase universal do globo se desenvolveu à sombra de padrões, valores e critérios identificados com a cultura européia. O domínio militar e econômico da Europa era encimado por sua posição incontestável como ponto de referência para a avaliação, o louvor ou a condenação de qualquer outro modo de vida humano, passado ou presente, e como a suprema corte em que essa avaliação era proclamada com autoridade, sem direito a apelação. Bastava ser europeu, diz Kapuscinski, para se sentir um chefe e um governante em qualquer outro lugar. Mesmo uma pessoa medíocre, de posição humilde e pouco considerada em seu país pequeno e insignificante (mas europeu!) ascendia às posições sociais mais elevadas caso aportasse na Malásia ou na Zâmbia ... Mas esse não é mais o caso, como Kapuscinski recentemente descobriu. Os dias de hoje são marcados por uma auto-afirmação cada vez mais aberta e gritante entre os povos que meio século atrás ainda se ajoelhavam perante uma Europa empoleirada no altar dos cultos de carregamento. Hoje eles exibem um senso crescente de seu próprio valor e a ambição cada vez mais evidente de ganhar e manter um lugar independente e ponderável num novo mundo cada vez mais igualitário e multicultural. Era uma vez, recorda Kapuœciñski, a época em que todas as pessoas nas terras distantes lhe perguntavam sobre a Europa, mas agora ninguém faz isso: hoje em dia os "nativos" têm as suas próprias tarefas e problemas exigindo (e recebendo) a sua atenção, e toda ela. "A presença européia" é cada vez menos visível, física ou espiritualmente.

Classificar as vítimas da furiosa globalização dos mercados de bens e financeiros como, acima de tudo, uma ameaça à segurança, e não como pessoas que necessitam de ajuda e dignas de compensação pelos danos provocados em suas vidas, tem óbvias utilidades. Alivia os escrúpulos e recompensa os remorsos éticos. Afinal, está se lidando com inimigos que "odeiam os nossos valores" e não suportam nos ver, pessoas comuns, por nossa determinação de viver em liberdade e na democracia. Isso ajuda a desviar os fundos que poderiam ser usados para reduzir as disparidades e esvaziar as animosidades que estas produzem, de modo a alimentar a indústria de material bélico, as vendas de armas e os lucros dos acionistas, e assim a melhorar as estatísticas domésticas na área do emprego e aumentar o gradiente de satisfação do eleitorado. Por fim, mas não menos importante, isso estimula a lânguida economia consumista ao condensar os temores difusos relativos à segurança, redirecionando-os e canalizando-os para longe dos problemas, em direção à ânsia de comprar uma pequena fortaleza privada sobre rodas (como os "Hummers" ou "Veículos Utilitários Esportivos", sedentos por combustíveis, mas ainda assim caros, notoriamente perigosos tanto para os motoristas quanto para os pedestres); ou permitindo a promoção vigorosa dos lucrativos "direitos de marca" ou "direitos intelectuais", sob o pretexto de evitar que os lucros decorrentes de sua violação possam ser transferidos para células terroristas.

Classificar as vítimas do enriquecimento como, acima de tudo, uma ameaça à segurança também permite que se rejeitem as irritantes exigências de controle democrático impostas, ou que ameaçam ser impostas, às atividades empresariais – requalificando as opções políticas (e, em última instância, eminentemente econômicas) como necessidades militares. Nesse aspecto, como em outros, os Estados Unidos assumem a liderança, embora os seus movimentos sejam observados de perto e avidamente seguidos por um grande número de governos europeus. Como William J. Bennett afirmou recentemente num livro adequadamente intitulado *Why we fight: moral clarity and the war on terrorism* [Por que lutamos: clareza moral e a guerra contra o terrorismo],

> as ameaças que hoje enfrentamos são tanto externas quanto internas: externas porque existem grupos e Estados que desejam atacar os Estados Unidos; internas por haver aqueles que estão tentando usar essa oportunidade para promulgar a agenda de "culpar, em primeiro lugar, os Estados Unidos". Ambas as ameaças provêm ou do ódio pelos ideais americanos de liberdade e igualdade ou da incompreensão desses ideais e de sua prática.[20]

Pode-se entender melhor o credo de Bennett como o lustre ideológico de uma prática já plenamente implementada – tal como a recém-aprovada "Lei Patriota Americana" [US Patriot Act], voltada explicitamente para pessoas engajadas em ações políticas até então protegidas pela constituição – legalizando práticas até então proibidas, como a vigilância clandestina, as buscas sem mandado e outras invasões da privacidade, assim como as prisões sem acusação e os julgamentos de civis por tribunais militares.

Os serviços de segurança, assim como quaisquer outras burocracias, estão sujeitos à mesma lógica inexorável da Lei de Parkinson, ou à profecia auto-realizadora. Uma vez iniciados, desenvolvem ímpeto próprio, criando novos alvos sobre os quais possam praticar as artes que melhor praticam, enquanto reclassificam o restante de seu campo de ação como uma ampla matriz de alvos futuros. Não admira que o "Ocidente" – a Europa e sua prole globalmente dispersa – esteja cada vez mais se voltando para si mesma. O mundo é visto e sentido como menos convidativo. Parece um mundo hostil, traiçoeiro, transpirando vingança, um mundo que ainda precisa ser transformado num lugar seguro para os ocidentais-feitos-turistas-e-comerciantes. Ele se parece, de modo estranho e sinistro, com um campo de batalha que se prepara para uma iminente "guerra de civilizações". É um mundo em que todos os passos estão cheios de perigo, de modo que os que se arriscam a percorrê-lo devem tomar cuidado, permanecer em alerta constante e, o que é mais crucial, restringir-se aos lugares reservados para o seu uso exclusivo e seguro, assim como às trilhas marcadas e protegidas que os ligam: trilhas separadas por arame farpado daquela imensidão pontilhada de emboscadas à espera dos incautos. Quem se esquece desses preceitos o faz por sua conta e risco, e deve estar preparado para arcar com as conseqüências.

Num mundo inseguro, a segurança é o nome do jogo, o seu principal objetivo e a sua aposta suprema.

A segurança é um valor que, se não na teoria, ao menos na prática, reduz e afasta todos os outros, incluindo aqueles proclamados como "os que nos são mais caros", sendo por isso os alvos principais do ódio e a causa mais forte do desejo "deles", "daqueles lá de fora", de nos fazer mal – o impulso que torna o mundo todo inseguro, da mesma forma que esta parte "daqui" – a qual chamamos de lar. Num mundo inseguro como o nosso, tudo aquilo que costumávamos associar à democracia, como a liberdade pessoal de falar e de agir, o direito à privacidade, o acesso à verdade, pode chocar-se com a necessidade suprema de segurança e, portanto, deve ser cortado ou suspenso. Pelo menos é nisso que insiste a versão oficial da luta-pela-segurança, e no que implica a prática oficial dos governos. A verdade que tombou como a primeira baixa da forma pela qual a preocupação com a segurança assumiu depois do 11 de Setembro é que não podemos mais defender efetivamente as nossas liberdades domésticas cercando-nos de todo o resto do mundo e nos dedicando unicamente aos nossos afazeres.

Há razões válidas para supor que, num planeta globalizado onde o destino de qualquer um, em qualquer lugar, determina os destinos de todos os outros – e é por estes determinado –, não se pode mais ter liberdade e democracia num único país, ou apenas num punhado de países seletos. O destino da liberdade e da democracia em cada lugar é decidido e estabelecido no palco global – e só nesse palco pode ser defendido com chance realista de sucesso permanente. Não está mais ao alcance de qualquer Estado, ainda que fortemente armado, resoluto e intransigente, defender determinados valores em casa e ao mesmo tempo dar as costas aos sonhos e anseios dos que estão do lado de fora de suas fronteiras.

Mas dar as costas é exatamente o que nós, europeus e descendentes de europeus estabelecidos nas antigas colônias européias do além-mar, estamos fazendo. Sintonizados às regras de uma democracia aprisionada (para o seu próprio risco), nas fronteiras de um Estado-nação ou de um conjunto de Estados-nações, mantemos e multiplicamos as nossas riquezas às expensas dos pobres do lado de fora. Como Joseph Stiglitz recentemente relembrou aos ministros do comércio que se preparavam para um encontro em Cancun, o subsídio médio fornecido aos pecuaristas europeus para cada vaca que possuem "é igual ao nível de pobreza de dois dólares por dia com que bilhões de pessoas meramente subsistem" – enquanto os subsídios ao plantio de algodão, de 4 bilhões de dólares, que os Estados Unidos fornecem a agricultores bem de vida "trazem a miséria a 10 milhões de camponeses africanos e mais do que superam a miserável ajuda americana a alguns dos países afetados".[21] Ocasionalmente ouvimos americanos e europeus acusando-se mutuamente de "práticas agrícolas injustas". Mas, observa Stiglitz, "nenhum dos dois lados parece disposto a fazer concessões importantes", embora fossem necessárias grandes e radicais concessões para convencer os outros a parar de encarar a desavergonhada exibição de "poder econômico bruto pelos Estados Unidos e pela Europa" como algo mais que um esforço no sentido de defender os privilégios dos privilegiados, proteger a riqueza dos ricos e servir a seus próprios interesses que se resumem a mais riqueza e mais riqueza ainda. Na conferência de Cancun, que se destinava a criar uma plataforma conjunta na qual ricos e pobres poderiam se encontrar e trocar os seus produtos em benefício mútuo, o ministro do comércio senegalês, Alchaton Ague Poyne, concluiu, depois do longo e estéril debate, que o outro lado da mesa de negociações, o lado rico, não queria prestar atenção ao "nosso interesse de sobrevivência, para não falar do nosso 'desenvolvimento'". Enquanto isso, os representantes da África subsaariana, a parte do mundo mais afetada pelos enormes subsídios destinados aos algodoeiros americanos, só tinham uma palavra para definir a declaração final, que prometia futuras consultas sobre a espinhosa questão dos subsídios, ao mesmo tempo em que aconselhava aos países pobres "diversificarem as suas economias" (ou seja, a se manterem longe do cultivo de algodão): um insulto.[22]

E assim, pela terceira vez, permitam-me perguntar: será que se esgotou o tempo histórico da aventura européia? Da Europa *como* uma aventura?

Pode-se afirmar – com força e convicção – que a Europa nunca precisou tanto ser aventureira quanto hoje. E que este planeta, que os milhões de europeus privilegiados e bem de vida compartilham com bilhões de pessoas pobres e despossuídas, nunca precisou tanto de uma Europa aventureira quanto hoje: uma Europa que olhe para além de suas fronteiras, crítica de seu pensamento tacanho, de seu caráter auto-referencial, lutando para sair do seu confinamento territorial, estimulada a transcender a sua própria condição, e assim a do resto do mundo; uma Europa *com uma missão planetária a cumprir*. E, talvez, diferentemente do passado – quando o produto da inclinação européia à transgressão não era senão uma bênção inequívoca para os seus vizinhos próximos e remotos, e quando as baixas diretas e colaterais do impulso transgressor europeu estavam enterradas no solo planetário – agora os interesses da Europa e dos povos fora de suas fronteiras irão *não apenas coincidir, mas se sobrepor*. Basta que nossos olhos se ergam alguns centímetros acima do nível dos interesses momentâneos e das medidas de emergência destinadas a controlar as crises para vermos que, para todos os fins e propósitos práticos, esses interesses estão intimamente interligados, se é que não são idênticos.

Num discurso dirigido ao Parlamento Europeu em 8 de março de 1994, Vaclav Havel, então presidente da República Tcheca, sugeriu que a Europa precisava de uma Carta que explicitasse o que significa ser Europa, ou europeu: uma "Carta da Identidade Européia" destinada à idade vindoura de um planeta em luta para realizar a sua iminente e inescapável unificação. Um manifesto, podemos dizer, da razão de ser europeu na era da globalização.

Um dos grupos que seguiram o apelo de Havel foi o Europa-Union Deutschland. O resultado foi a "Carta da Identidade Européia", aprovada a 28 de outubro de 1995 no 41º Congresso da União, realizado em Lübeck.[23] Logo depois de um previsível preâmbulo dedicado à "Europa como comunidade de destino", seguiram-se duas seções que merecem especial atenção. Uma delas fala da "Europa como comunidade de valores" e afirma a tolerância, o humanitarismo e a fraternidade como os principais valores que a Europa "espalhou pelo planeta", tornando-se assim "a mãe das revoluções no mundo moderno". Os autores da Carta admitem que em sua longa história a Europa "repetidamente questionou esses valores e os transgrediu", mas acreditam que agora, finalmente, após uma era de "nacionalismo, imperialismo e totalitarismo desenfreados", esses valores enraizados na antigüidade clássica e no cristianismo têm ajudado a Europa a estabelecer "a liberdade, a justiça e a democracia como princípios das relações internacionais". Outro capítulo apresenta a Europa como "uma comunidade de responsabilidade". Aponta que, "no mundo de hoje, em que todos nos tornamos interdependentes, a União Européia é portadora de uma responsabilidade especial" em relação ao resto do mundo e que "só com a colaboração, a solidariedade e a união é que a Europa pode ajudar efetivamente a resolver os problemas mundiais". A União Européia deveria "dar o exemplo, particularmente no que se refere a garantir os direitos humanos e a proteção das minorias". (Somos, porém, tentados a acrescentar: também no que se refere à proteção da enorme maioria da humanidade, em relação às conseqüências dos privilégios desfrutados por uma pequena minoria da população mundial, incluindo a Europa...)

Lendo a Carta, pode-se refletir: falar é fácil, fazer é que são elas. A "Carta da Identidade Européia" é, flagrantemente, um projeto utópico!

Esse veredicto pode muito bem ser correto – mas então a "identidade européia" foi uma utopia em todos os momentos de sua história. Talvez o único elemento estável a tornar consistente e coesa a história européia tenha sido o espírito utópico endêmico a sua identidade, algo eternamente por alcançar, irritantemente evasivo e em eterno conflito com as realidades do momento. O lugar da Europa sempre esteve em algum ponto entre o "deve" e o "é", e é por isso que ela tinha de ser, e de fato foi, um local de aventura e experimentação contínuas. Seu lugar atual não é diferente: oscila entre o "deve" de um planeta hospitaleiro, amigável ao usuário, determinado a atingir e garantir uma vida sustentável para todos os seus habitantes, e um planeta de crescentes disparidades, animosidades tribais e cercas intertribais, um planeta cada vez menos adequado a servir de moradia aos seres humanos.

A unificação institucional da Europa atualmente em curso pode ser vista como (e prova ser) um movimento defensivo deflagrado pelo impulso de sustentar o "é" europeu (o seu nicho relativamente pacífico em meio à crescente turbulência planetária, os seus padrões de vida privilegiados em meio à privação mundial) contra o "deve" de suas responsabilidades planetárias, desafiadoras e desconfortáveis, porém imperativas. Mas a Europa também pode provar que a unificação é um passo preliminar na direção de assumir essas responsabilidades: uma tentativa sensata de reunir recursos, força e vontade, tudo que é necessário para realizar tarefas de dimensões planetárias, supracontinentais.

Como observou Jürgen Habermas, em uma de suas recentes análises,

> Um Estado-nação não vai recuperar a antiga força retirando-se para o interior de sua concha ... A política da autoliquidação – deixar o Estado simplesmente submergir nas redes pós-nacionais – é igualmente inconvincente. E o neoliberalismo pós-moderno não pode explicar de que modo os déficits gerenciais de competência e legitimação que emergem no plano nacional podem ser compensados no plano supranacional sem novas formas de regulação política ... As condições artificiais em que a consciência nacional se ergueu argumentam contra o pressuposto derrotista de que uma forma de solidariedade cívica entre estranhos só possa ser gerada dentro dos limites da nação. Se essa forma de identidade coletiva se deveu a um salto altamente abstrato da consciência local e dinástica para a consciência nacional e depois democrática, por que esse processo de aprendizagem não poderia prosseguir?[24]

Outro salto, semelhante a aquele realizado pela Europa no limiar dos tempos modernos, em outra era turbulenta, é o imperativo das atuais gerações. Desta vez, ele aponta para o espaço onde é travada a luta pela sobrevivência e onde se decide a sorte de todas as partes do globo: o espaço planetário politicamente vazio e eticamente confuso que carece de "competências de governo" e autoridades jurídicas e políticas legítimas, contaminado por um aterrorizante "déficit democrático".

Naquele tempo, há 200 ou 300 anos, ao negociar aquele outro "passo da montanha" (para usar o termo adequado de Reinhard Kosseleck), a Europa inventou as *nações*. Agora a questão é inventar a *humanidade*. E não temos à vista outros atores capazes e desejosos de tentar esse último e derradeiro ato de transcendência na longa e atormentada rota da humanidade na direção de si mesma – na direção daquela *allgemeine Vereinigung der Menschheit* que dois séculos atrás foi profetizada por Kant como o seu destino final, não por escolha, mas pelo "veredicto e desígnio da Natureza".

Paradoxalmente, a chance de estender a aventura européia a domínios nunca antes visitados e talvez até para fora do alcance da Europa em sua antiga fase de rainha/monstro chega num momento em que a força específica desse continente nos negócios do mundo despencou e parece que vai continuar despencando.

Paradoxalmente? Talvez nem tanto, afinal. Numa frase famosa, Karl Deutsch definiu o poder como "a capacidade de se dar ao luxo de não aprender". Bem, por essa definição, a Europa perdeu muito do seu poder e teve negado o luxo do não-aprendizado. Hoje em dia, a Europa tem de aprender – e o faz. Enquanto aprende acumula um capital crescente de conhecimento salva-vidas que pode compartilhar com outros: os que precisam de tal conhecimento para proporcionar a si mesmos o que a Europa ainda pode oferecer a si mesma; e também, talvez mais importante, os que ainda podem proporcionar o que a Europa definitivamente não pode mais.

Sua história turbulenta conduziu a Europa ao ponto em que ela dificilmente pode deixar de aprender e memorizar a lição. Seu presente, afinal, não é nada senão a vida de sua memória. A história da Europa moldou o seu caráter aventureiro, enquanto as formas assumidas pela aventura européia no passado, ao excluírem certas opções, senão por abrirem outras novas e óbvias, fornecem o projeto para futuras transformações.

Conforme dois eminentes politicólogos russos, Vladislav Inozemtsev e Ekaterina Kuznetsova, a Europa "não podia adotar normas americanas sem trair as suas próprias realizações no pós-guerra".[25] A saudável alternativa que a Europa – e só ela – pode oferecer tem por base a tradição européia – e apenas européia. Numa época em que os Estados Unidos, que relegaram a Europa à segunda divisão dos jogos de poder, têm (nas palavras de Will Hutton) "se desqualificado da luta por segurança, prosperidade e justiça",[26] a Europa, como apontam Inozemtsev e Kuznetsova, tendo aprendido a verdade da forma mais dura, se recusa terminantemente "a ver a força como fonte de justiça", ainda mais a confundir as duas, e está em boa posição para "se opor aos Estados Unidos como a *justiça* se opõe à *força*, e não como a *fraqueza* se opõe ao *poder*".

O passado piromaníaco da Europa pode ser um forte motivo para um grande volume de auto-análise e sentimentos de culpa, mas os dedos chamuscados podem ainda mostrar-se um trunfo. Estariam relutantes em brincar com o fogo – e avessos a empilhar barris de pólvora. "A 'velha' Europa que se tornou sábia não deveria se cansar de mostrar esse *insight* a seus amigos americanos", sugeriu Ulrich K. Preuss, referindo-se à descoberta européia de que "a lei cria confiança, previsibilidade, segurança; a lei capacita", e à amarga lição de que a "a superextensão de sua norma", ou seja, "rejeitar a lei como fonte de validade para ter por base apenas a violência" e a incapacidade de compreender "o mundo em volta deles", em resultado do recurso à "violência não-comunicativa dos militares" – como seu único guia –, foi a principal causa do declínio "de praticamente todos os impérios na história mundial".[27]

E assim, para citar a incisiva afirmação de Robert Kagan, "é tempo de parar de fingir que europeus e americanos têm a mesma visão do mundo, ou até que ocupam o mesmo mundo".[28] Os Estados Unidos, sugere Kagan, "permanecem enlameados na história, exercendo poder no anárquico mundo hobbesiano", enquanto a Europa já está caminhando (embora, permitam-me observar, de coração partido e soluçando profusamente, com muitos arrependimentos e reconsiderações) na direção de um mundo kantiano de paz perpétua, no qual a lei, a negociação e a cooperação ganham vantagem onde reinavam a violência e a força bruta.

A Europa está bem preparada, se não para *liderar*, então muito certamente para *mostrar* o caminho que leva do planeta hobbesiano à "unificação universal da espécie humana", segundo a visão de Kant. Ela própria percorreu essa estrada, ao menos em seu trecho inicial, até a estação "da coabitação amistosa e pacífica", e sabe muito bem os custos humanos dos desvios e atrasos. E no último meio século, pôs em prática, mesmo que com resultados ambíguos, as medidas que devem ser tomadas para se obter qualquer avanço futuro nessa estrada.

Étienne Balibar escreve sobre "a lição da tragédia" que a Europa finalmente aprendeu.[29] Com efeito, após centenas de anos de sangrias maciças, proferidas em termos religiosos, étnicos, tribais, racistas ou de classe – das santas e profanas cruzadas que, em retrospecto, parecem fratricídios tão iníquos, mesquinhos e anti-heróicos quanto foram cruéis e ferozes, e que podem ser descartadas como meros problemas de crescimento de uma humanidade imatura, incipiente e ainda irracional, não fosse a devastação que deixaram atrás de si tão enorme e estarrecedora quanto a sua desumanidade –, chegou o momento de acordar e ficar sóbrio, conduzindo a Europa a uma era ainda inacabada de experimentação com aquilo que Balibar (seguindo Monique Chemillier-Gendreau) chama de "a ordem pública transnacional": um tipo de ambiente em que a regra de Clausewitz não mais se aplica e as guerras não são extensões naturais ou permissíveis da ação política.

O que dá às preocupações aparentemente internas e às ações aparentemente domésticas da Europa uma importância particular para a emergente ordem *planetária* é, contudo, o nascente reconhecimento da verdade imposta pela globalidade cada vez mais gritante da interdependência humana: que a resistência à violência tende a permanecer ineficaz e simplesmente não funcionará caso se limite ao arcabouço "metropolitano". Dois processos de aprendizagem mencionados por Balibar convergiram nessa verdade.

Em primeiro lugar, a "crescente consciência das realidades da história colonial". A Europa costumava dividir o mundo entre os domínios da "civilização" e da "barbárie", pouco consciente e/ou relutante em admitir o que agora começa a aceitar: que "a maior barbaridade certamente não ocorreu do lado que imaginávamos", ainda que recorrer à violência e à desumanidade não fosse apenas uma predileção idiossincrásica dos conquistadores.

Em segundo lugar, o longo envolvimento da Europa com o resto do planeta humano, sua presença ubíqua e inoportuna em praticamente todos os cantos do globo, por mais distantes, reverberou num "processo poderoso e irreversível de hibridização e multiculturalismo que agora transforma a Europa", levando-a "a reconhecer, ainda que com hesitações e contratempos consideráveis, que o outro é um componente necessário de sua 'identidade'".

Os dois processos de aprendizagem trouxeram (ou pelo menos estão trazendo) a Europa a um ponto em que "combinar os diferentes recursos para a institucionalização de conflitos" e "introduzir progressivamente novos direitos básicos" (ou, para usar a terminologia de Amartya Sen, novas "capacidades") provavelmente se tornarão um imperativo amplamente aceito – uma nova forma de conviver e aceitar as diferenças mútuas, estabelecida para substituir as violentas provas de força e eliminar a opção pela guerra. Essa perspectiva foi apresentada por Eugen Weber como a tarefa de "fundir o grande número de pátrias e culturas locais numa grande entidade abstrata"[30] – um feito já realizado na/pela Europa na era da construção do Estado-nação, mas que agora novamente avulta na agenda imediata, embora desta vez com o desafio mais amplo de uma formidável escala planetária. A previsão está longe de ser uma conclusão precipitada. O fato é que, quando "inflada a proporções universais, a compaixão vacila. A solidariedade em escala nacional foi um osso duro de roer; levou tempo para ser inculcada. A solidariedade mundial tem provado ser um vínculo mais frouxo ainda."

Apesar das amplas possibilidades no sentido contrário, fazer o possível para concretizar essa previsão ainda é uma obrigação. Forjar um arcabouço capaz de acomodar a variedade das formas de vida humana e induzi-las a se engajar numa interação pacífica, de espírito cooperativo e mutuamente benéfica é uma questão de vida ou morte para todos os envolvidos – tanto para os despossuídos quanto para os privilegiados do mundo de hoje. E ocorre que, graças à singularidade de sua história, a Europa está mais bem situada do que qualquer outro setor da humanidade para enfrentar tal desafio e insistir, de modo convincente e efetivo, que, quando se trata de um modo de conviver num planeta transformado numa densa rede de dependência mútua, na verdade não *há uma alternativa viável ou plausível*, uma vez que a segurança e o bem-estar de uma parte do globo não podem mais ser alcançados, muito menos garantidos, a menos que o direito a uma vida segura e digna seja estendido a todos, tanto no papel quanto de fato.

Robert Fine recentemente examinou essa previsão em referência à estrutura mental emergente (e que, de modo não surpreendente, se espalha animadamente pela Europa) que ele preferiu chamar de "novo cosmopolitismo, ou o cosmopolitismo que de fato existe".

É uma forma de pensar que se declara em oposição a todas as formas de nacionalismo étnico e fundamentalismo religioso, assim como aos imperativos econômicos do capitalismo global. Percebe que a integridade da vida política contemporânea estaria ameaçada tanto pelos mercados da globalização quanto pelas formas regressivas de revolta que esta provoca, e objetiva reconstruir a vida política com base na visão iluminada de relações pacíficas entre Estados-nações, direitos humanos compartilhados por todos os cidadãos do mundo e uma ordem jurídica global apoiada por uma sociedade civil igualmente global.[31]

A descrição acima, Fine se apressa a acrescentar, refere-se igualmente a uma "abordagem teórica da compreensão do mundo", a "um diagnóstico da era em que vivemos" e a "uma postura normativa em favor de padrões universalistas de avaliação moral, direito internacional e ação política". Todos os três, permitam-me observar, têm raízes profundamente fincadas na experiência européia, assim como na interpretação e na exposição, igualmente européias, de seu significado.

Como sugere o grande pensador liberal Richard Rorty, "pelo menos sobre uma coisa os marxistas estavam certos: as questões políticas centrais são as que se referem às relações entre ricos e pobres".[32] E no entanto "temos agora uma superclasse global que toma todas as grandes decisões econômicas e o faz com total independência das legislaturas, e *a fortiori* da vontade dos eleitores, em qualquer país". "A ausência de uma sociedade política [*polity*] global significa que os super-ricos podem operar sem qualquer consideração por outros interesses que não os deles." Mas também, permitam-me acrescentar, essa ausência significa que os "super-ricos" operam com pouca ou nenhuma chance de oposição efetiva que lhes permitiria evitar uma definição tão estreita dos "seus interesses", o que torna suas ações suicidas, além de insensíveis, cruéis e ocasionalmente homicidas.

Não é essa a única questão da insustentável polarização das condições de vida, atuais e prospectivas, com seus efeitos incalculáveis, mas potencialmente desastrosos, sobre a segurança e a dignidade das vidas humanas. Dada a recusa direta da parte privilegiada da humanidade em mitigar a pilhagem e a queima inescrupulosas dos recursos energéticos do planeta, o que agora está em jogo é pura e simplesmente *a sobrevivência da espécie humana*. Nas palavras de George Monbiot, resumindo a sabedoria consensual dos *experts* em climatologia,

> não estamos contemplando o fim dos feriados em Sevilha. Estamos contemplando o fim das condições que permitem que a maioria dos seres humanos permaneça na Terra ... Em outras palavras, se deixarmos que o mercado governe a nossa política, será o nosso fim. Só se assumirmos o controle de nossas vidas econômicas, e exigirmos e criarmos os meios para que possamos cortar o nosso consumo de energia em 10% ou 20% dos níveis atuais, é que poderemos evitar a catástrofe que nossos egos racionais podem perceber.[33]

Wolf Lepenies resumiu a sua palestra em Poznan clamando "por um outro Marx" que, em vez de *O capital: uma crítica da economia política*, escrevesse um livro intitulado *Mercados financeiros: uma crítica da economia despolitizada*. Da repolitização da economia, insistiu Lepenies, depende a sobrevivência da democracia. Com toda a probabilidade, podemos acrescentar, não apenas a sobrevivência da democracia, mas também a continuidade da existência da espécie que a criou e a apreciou depende desse salto – da

"Grande Transformação Grau Dois", que precisa seguir-se àquela iniciada pela Europa muitos séculos atrás.[34]

O fim da história é um mito – ou uma inevitável catástrofe. E assim é o fim da aventura européia – da Europa como aventura.

# • 2 •

# À sombra do império

Uma arte que a Europa nunca teve a oportunidade de aprender desde que tomou consciência de ser Europa (ou seja, desde que estabeleceu suas ambições como padrões que deveriam ser seguidos em sua própria prática e que os outros deveriam ser persuadidos a adotar) foi a de viver à sombra de um poder maior do que ela, mais ambicioso e criativo em seu esforço por transformar as suas ambições em padrões para a prática de todos os outros, e assim também de sustentar esses padrões importados/impostos segundo a sua própria prática, como o modelo a ser seguido.

A Europa nunca tinha enfrentado a ameaça de ser conquistada por outro continente – e nunca tinha sido olhada de cima e difamada como potência de segunda classe, obrigada a jurar obediência a um império estrangeiro e se fazer aceitar por uma força a qual tem pouca esperança de apaziguar, pacificar ou converter aos seus costumes –, muito menos de submeter-se e subordinar-se aos seus desígnios. A Europa nunca tinha vivido com uma deprimente consciência de sua própria inferioridade e com a experiência de ser obrigada a observar padrões de vida defendidos e praticados por outros, de lutar para ajustar e adaptar as suas ações a esses padrões, a emular formas de vida estranhas e/ou a se adequar a elas, posicionando as suas formas de vida ao nível delas. Entre as numerosas habilidades adquiridas pela Europa, aquelas exigidas por essas contingências estavam conspicuamente ausentes.

Uma situação que exige essas habilidades pegou a Europa despreparada por seu passado histórico e por sua antiga concepção da ordem global como uma *pax europeana* e da humanidade como o produto final da progressiva universalização do modo de vida europeu. Quando Donald Rumsfeld, secretário de Defesa dos Estados Unidos, fala com desdém da "velha Europa" (o que significa uma Europa que já ultrapassou o seu tempo de vida, que foi ultrapassada e deixada para trás, uma Europa obsoleta e antiquada, um fóssil de eras remotas), o objeto de sua ironia e ridicularização é uma Europa apegada às lembranças de seu passado de glórias, que ainda deseja ser o primeiro violino e se recusa a aceitar um papel secundário, e que se ilude imaginando ainda ser capaz de instruir os flautistas e lhes dar o tom.

Em sua análise aguda e profunda (citada anteriormente) do choque entre os "valores europeus" (leia-se: as preferências e os critérios de avaliação europeus, historicamente formados e enraizados) e os "interesses americanos", Vladislav Inozemtsev e Ekaterina Kuznetsova mencionam algumas opiniões autorizadas ou influentes que articulam as premissas não explicitadas por Rumsfeld no seu veredicto. "Os Estados Unidos têm a supremacia nos quatro domínios decisivos do poder global: em termos militares, econômicos ... tecnológicos e culturais ... É a combinação dos quatro que faz dos Estados Unidos a única superpotência de abrangência global", nas palavras de Zbigniew Brzezinski.[1] Henry Kissinger se arrisca a ir além: "Na aurora do novo milênio, os Estados Unidos gozam de uma proeminência que não tem rival sequer entre os maiores impérios do passado."[2] Joseph S. Nye Jr. faz coro: "Desde Roma, nenhuma nação ficou tão acima das outras."[3] Em seu estudo amplamente debatido, Robert Kagan endossa essa visão: "Pelos padrões históricos, o poder militar dos Estados Unidos no pós-Guerra Fria, particularmente a sua capacidade de projetar esse poder a todos os cantos do globo, é algo sem precedentes."[4]

Tal como o crepúsculo da hegemonia européia pegou a Europa de surpresa, a súbita elevação dos Estados Unidos à posição de única superpotência e de incontestada (ao menos *realisticamente*) hegemonia mundial pegou os líderes políticos e formadores de opinião americanos despreparados. Não seria possível esperar que respostas estratégicas racionais, profundamente refletidas e cuidadosamente ponderadas, a uma súbita e imprevista mudança de rumo, fossem construídas da noite para o dia. O que costuma seguir-se a um trauma como esse é uma série tortuosa e inconsistente de arrancos e solavancos confusos e desconcertantes, "reações corajosas", improvisos *ad hoc* e jogos arriscados. É muito cedo, portanto, para se pronunciar sobre a natureza do novo império americano, fazer generalizações a respeito da sua estratégia e do seu impacto sobre a situação do planeta, e ainda menos oportuno prognosticar as suas futuras reviravoltas e a forma pela qual acabará se assentando – se é que isso vai acontecer. Por ora, o comportamento do império é um dos principais fatores – talvez *o* principal – dessa incerteza encapsulada pela primeira vez (exatamente quando os Estados Unidos se viram sozinhos num campo de batalha do qual a superpotência oponente havia desertado) por Kenneth Jowitt, e mais recentemente por Tzvetan Todorov, na noção de "Nova Desordem Mundial".

Michael Mann captura a disposição com que tal comportamento é percebido por aqueles que se percebem vivendo num *playground* imperial – ou seja, por todo este confuso planeta. Os Estados Unidos, diz ele, são vistos como "um monstro perturbado, disforme, tropeçando desajeitadamente através do mundo. Ele é bem intencionado. Pretende difundir a ordem e a benevolência, mas em vez disso cria a desordem e a violência."[5] Talvez se possa captar ainda melhor a atual mistura de apreensão e confusão recorrendo-se à imagem de um "elefante numa loja de porcelanas": a força do elefante é mais significativa para o destino das porcelanas do que as suas intenções – se é que ele tem uma intenção específica e tenta concretizá-la de forma coerente.

De modo alternativo, poderíamos repetir com Arnold Toynbee (em seu programa de rádio de 14 de julho de 1954): "Os Estados Unidos são um cachorro grande e amistoso dentro de uma sala muito pequena. Cada vez que ele sacode o rabo derruba uma cadeira."

A força da superpotência americana é mesmo espantosa: pelo orçamento federal dos Estados Unidos para 2003, os gastos militares desse país representavam 40 por cento do total de gastos com armamentos em todo o mundo. "Eles excedem os gastos combinados dos 24 países seguintes e são 25 vezes maiores do que a soma dos gastos de todos os sete 'Estados párias' identificados pelos Estados Unidos como os seus inimigos."[6] Essa maciça acumulação de armas, da qual nenhum outro país se aproxima, muito menos iguala, coloca os Estados Unidos numa posição inexpugnável do ponto de vista militar. Em conseqüência, como aponta Michael Ignatieff, os Estados Unidos "são a única nação que policia o mundo por meio de quatro comandos militares globais; mantêm mais de um milhão de homens e mulheres em armas nos quatro continentes, emprega grupos de porta-aviões em estado de vigilância em todos os oceanos, garante a sobrevivência de países que vão de Israel à Coréia do Sul".[7]

A força coercitiva é o único recurso que os Estados Unidos podem utilizar a qualquer momento, sem retardo indevido e do qual podem estar seguros: as armas à disposição são sem dúvida inigualáveis e inimitáveis por quem quer que seja em todo o planeta. A capacidade das armas (como se pode utilizá-las e em que tipo de serviço elas são eficientes – ou seja, inquestionavelmente superiores) determina os possíveis usos. E assim a primeira reação à crise (em seu significado original, hipocrático, de um momento que exige decisão e ação) é a guerra. E, como Montesquieu sabidamente concluiu de seu mergulho na história do Império Romano, um império fundado pela guerra tem de se manter pela guerra.

Um império pode escolher as guerras que pretende travar (embora não possa optar por abster-se de escolher uma guerra para travar), mas as suas opções tendem a ser determinadas pelas armas que possui. Foi o que Tzvetan Todorov descobriu na recente decisão americana de lançar uma guerra contra o Iraque apesar do que deve ter sido óbvio para todos os envolvidos – que bombardear e invadir o Iraque não tornaria mais próximo o objetivo manifesto de aniquilar o terrorismo, obviamente um fenômeno supranacional e extraterritorial. "A guerra contra o terrorismo não é uma tarefa fácil – exige paciência e tenacidade. A guerra contra o Iraque foi comparativamente fácil, bastava bombardear o país a ser esmagado sob a pressão de uma potência infinitamente superior."[8]

Todorov assinala que a causa latente – mas, ao que se espera, racional – da guerra do Iraque era difícil, talvez até impossível, de localizar. Quando não testemunham raciocínio inepto, falta de imaginação ou falhas grosseiras de cálculo e avaliação dos responsáveis pelo planejamento, as explicações dadas ao público são ditadas principalmente por considerações de RP: Saddam Hussein e Osama Bin Laden eram inimigos jurados, não colaboradores, e o Iraque não possuía armas de destruição em massa. Mesmo a explicação corrente entre os que fazem campanha contra a guerra (de que a verdadeira razão na escolha do Iraque como alvo foi o desejo de se apossar do segundo maior suprimento de petróleo do planeta) dá pouco crédito à racionalidade dos que a planejaram: "A guerra em si custa caro demais, a ocupação que ela provoca é desastrosa e todos os benefícios derivados do preço do petróleo são anulados antecipadamente pelos gastos militares."[9]

Da mesma forma, a suposição de que a recente concentração de forças militares americanas no Oriente Médio (Afeganistão, Iraque, possivelmente Irã, Síria e Arábia Saudita, para não falar da expansão, sub-reptícia mas enérgica, da presença militar americana nas antigas repúblicas soviéticas da Ásia) é, como David Harvey afirma sucintamente, "apenas em função do petróleo"[10] não pode ser descartada com facilidade. Como Harvey assinala, "desde 1980 mais ou menos, a taxa de exploração das reservas de petróleo tem excedido a taxa de descobertas [de novas reservas]. O petróleo está se tornando cada vez mais escasso." A maioria dos suprimentos de petróleo existentes provavelmente se esgotará de todo dentro de mais ou menos 10 a 20 anos. Só os campos do Oriente Médio é que prometem durar mais meio século. Quem tiver o controle das últimas reservas num planeta cada vez mais sedento por combustível e dependente do petróleo pode ter esperanças de se tornar um verdadeiro manda-chuva na política mundial e banqueiro do jogo da economia global – durante tanto tempo quanto a imaginação dos administradores do capital pode alcançar. "O que poderia ser melhor para os Estados Unidos para evitar a competição e garantir a sua posição hegemônica do que o controle do preço, das condições e da distribuição de recursos econômicos-chave, sobre os quais essa competição se baseia?" Trata-se, na verdade, de uma questão puramente retórica.

Da mesma forma, podemos ainda argumentar que a própria tentativa de buscar e articular uma explicação para a guerra nos afasta da verdade já revelada por Montesquieu. Não há uma causa racional para a guerra, e ela não precisa de causas racionais. Ser capaz de conduzir uma guerra de acordo com a sua vontade resume toda a racionalidade de que necessita (ou pode dispor) a sobrevivência do império. O império baseia a sua hegemonia nos estoques superiores, sempre crescentes e tecnicamente aperfeiçoados de armas sofisticadas que podem ser usadas apenas da forma como o foram no Iraque. E um elemento racional do conjunto de raciocínios que levaram ao lançamento de mísseis inteligentes contra o Iraque pode ser a percepção de que, para manter a sua posição imperial, o império deve, vez por outra, exibir as suas armas em público de modo espetacular – e portanto convincente.

Tais exibições deveriam provavelmente repetir-se com regularidade se o poder "realmente existente" do império fosse de uma enormidade tão sem precedentes quanto Brzezinski, Kissinger e seus colegas afirmam que é: tão infinito a ponto de minimizar as limitações que perturbaram e acabaram por derrubar os impérios do passado. Mas não parece ser o caso. A atual variedade americana de império dificilmente se iguala à soma de poderes dos centros imperiais da era colonial – e, em última instância, o que conta é a soma de poderes da dominação imperial. A fraqueza essencial do império americano, embora não a única, deriva do fato de ter se formado nos anos finais da era colonial, ou talvez mesmo postumamente, depois dela haver terminado.

Os impérios governados pela Europa podiam variar – de gigantes prostrados sobre os quais o sol nunca se punha até minúsculos e insignificantes enclaves, bases militares e entrepostos comerciais ultramarinos. Como havia vários impérios verdadeiros e um número variado e indefinido de aspirantes a impérios, os Estados europeus que os governavam podem ter agido como se participassem de um jogo de soma zero, convencidos de que qualquer avanço de um determinado império colonial levaria inevitavelmente não apenas à redução territorial de um outro, mas também a um enfraquecimento fundamental. Essa era, contudo, uma visão míope e estreita, profundamente distinta daquelas construídas pelos que estavam do lado receptor da expansão colonial européia. Da perspectiva destes, os ganhos coloniais de um país europeu se acrescentavam à força máxima do empreendimento colonialista. Da mesma forma que a perspectiva européia juntou a variedade multicolorida de formas de vida não européias numa imagem seriamente truncada e achatada do "Oriente", a variegada experiência dos povos não europeus expostos a muitos e diversos regimes e estratégias dos colonizadores tendeu a ser misturada, mexida e condensada numa única e homogênea noção denominada "Ocidente". Aos olhos dos países já invadidos ou vivendo sob a ameaça de invasão, as conquistas territoriais realizadas por qualquer um dos grandes e pequenos impérios centrados na Europa reforçavam a crença na incontestável e invencível superioridade do "Ocidente". Direta ou indiretamente, esta aumentava a credibilidade da noção de uma força unificada e coordenada apresentada pelo outro lado da linha de confronto. Uma crença que pareceria enigmática e desnorteante aos europeus confinados em conflitos internos apaixonados e freqüentemente sangrentos e engajados em guerras recorrentes – mutuamente destrutivas, civis, mesmo que travadas num palco de âmbito mundial. Aos olhos do "resto do mundo", o grupo de macro e microimpérios europeus se misturava e transformava num único e poderoso Império mundial do "homem branco" – de modo algum inferior, em termos de poder, à atual superpotência americana, se é que não a superava.

As declarações de Brzezinski, Kissinger e similares sobre o volume e força sem precedentes da dominação americana sobre o resto do mundo derivam sua *rationale* da ausência de outros impérios e unidades político-militares com aspirações a – e a capacidade de – realizar os esforços necessários à construção de um império, de competidores buscando o mesmo jogo e perseguindo os mesmos troféus. Com efeito, os Estados Unidos estão, e provavelmente continuarão por longo tempo, sozinhos no campo – o *único* elefante na loja de porcelanas planetária. Não há outros candidatos – capazes e dispostos, para não dizer viáveis – ao papel de império mundial. Isso não significa, porém, que os poderes do novo império sejam menos restritos do que a soma dos poderes do imperialismo ocidental de outrora – muito menos que ele goze da ilimitada liberdade de ação que renitentemente faltou ao Ocidente no auge da colonização imperialista. É bem possível que o oposto seja verdadeiro, ou transpire a sê-lo, dadas as profundas mudanças que tiveram lugar em termos da condição do mundo e das chances de efetiva intervenção nos assuntos mundiais desde o período de pico do "velho imperialismo".

Para começar, a reivindicação americana de hegemonia planetária chega depois que todos os impérios previamente estabelecidos foram, um a um, enfrentados, desmantelados, forçados a se retirar ou pressionados a implodir. Essa experiência acumulada de resistência anticolonialista protelada e finalmente efetiva solapou o mito, coletivamente construído e galvanizado, da invencibilidade do Ocidente e do "Homem Branco". "O Ocidente", do qual o exército americano é agora não apenas o mais poderoso, mas talvez o único braço militar e o único músculo permanentemente flexionado, não parece mais irresistível. Sua vulnerabilidade é do conhecimento de todos, sua superioridade eterna nada mais é que uma conclusão precipitada, e a resistência não parece mais desesperada.

A era de expansão territorial, invasão, anexação e colonização das terras invadidas definitivamente chegou ao fim, apesar de esporádicos soluços de memória ou "reações atrevidas" mal calculadas ou impensadas. O poder não é mais avaliado pelo tamanho do território administrado. As terras ocupadas passaram da coluna de créditos para a de débitos, um fardo inconveniente a ser evitado. Em nossa atual era do pós-espaço (ou do "espaço-velocidade", para usar o termo de Paul Virilio), a conquista de terras estrangeiras e as aquisições territoriais de maneira geral não são mais apostas de guerra – "o último a permanecer no campo de batalha" raramente é o vencedor. Os lavores e os custos de arrumar a bagunça e remover ou neutralizar os detritos tóxicos deixados pela ação militar são prazerosamente "terceirizados" aos vencidos. Na verdade, receber essa tarefa insalubre e pouco invejável é a derradeira prova da derrota.

A ocupação territorial, se concretizada, é vista por todos os lados como um evento temporário. Para os vencedores, é mais uma necessidade desagradável do que uma questão de escolha prudente e deliberada – aborrecimento temporário, anomalia, medida de emergência que só deve durar até que se restaure a "normalidade" e se desligue o sinal de alerta. A estratégia preferida do conflito armado é "bater e fugir": colocar o inimigo fora de ação e assim colocar os recursos que ele possuía a serviço do vitorioso, ao mesmo tempo evitando qualquer engajamento de longo prazo na administração quotidiana dos problemas da terra devastada e de sua população destituída de poder. Se a palavra "império" vier a ser empregada nessas condições radicalmente transformadas, marcadas por mudanças fundamentais na natureza do jogo de poder e nas suas apostas e estratégias, só deve ser usada, como aconselhou Jacques Derrida, sabendo-se que ela o é *sous rature* – na plena consciência de que foi afastada de seu significado convencional.

"Deve ser", porém, não significa que será. As chances são contrárias. Usar os termos *sous rature* (hábito comum profundamente arraigado na prática vernácula) é uma conhecida fonte de confusão semântica: infestar os referentes de "significados fantasmas" persistentes que obscurecem em vez de esclarecer a compreensão e com muita freqüência estimulam e motivam padrões de resposta que já foram tentados e testados, mas atualmente são ultrapassados e inadequados. Talvez os exemplos mais gritantes de respostas indutoras ao erro sejam aqueles fornecidos pela metrópole do "império fantasma" (versão atualizada do igualmente fantasmagórico "Sacro Império Romano", grosseiramente em desacordo com as realidades da Idade Média): campanhas improvisadas preparadas *ad hoc* com pouca ou nenhuma consulta, no pressuposto de que, na ausência de outros agentes capazes e/ou desejosos de competir pela hegemonia ecumênica, os Estados Unidos podem "fazê-lo sozinhos", desprezando opiniões destituídas do apoio de arsenais – tal como podem, com impunidade, ignorar até mesmo os arsenais, evidentemente tão inferiores aos seus. Tais campanhas freqüentemente fracassam. Mais cedo ou mais tarde, a realidade emerge por detrás da ilusão despedaçada e a lição é aprendida (de maneira dura) – embora só seja memorizada, em geral, pelo tempo que leva para reabastecer os arsenais e empurrar o diferencial de armamentos um pouco para a frente. A frustração invariavelmente reduz o ânimo belicoso no momento em que a guerra é "vencida" (embora os critérios de vitória sejam irritantemente vagos numa época em que as guerras são uma continuação não tanto da política quanto de sua ausência, sendo travadas principalmente porque se pode continuar a travá-las impunemente) e quando chega a época de consertar os danos materiais e sociais da ação militar. O império prossegue/arrasta-se/tropeça de um episódio de guerra para outro aos trancos e barrancos, e a sua existência quotidiana é pontuada por retiradas e avanços, embora por poucos períodos de calma e retraimento, se é que chega a haver algum.

O novo "império" não pode ficar parado. Ele se parece mais com o vento do que com a rocha – desapareceria no momento em que parasse de soprar. É esse movimento que conta, não o destino final ou a direção momentaneamente tomada. Tal como os fantasmas só existem na modalidade da assombração (os "fantasmas" são interpretações "razoáveis" quando uma casa está sendo assombrada), o novo "império" persiste sob a condição de lembrar constantemente ao mundo a sua presença imperial. O novo "império" não é uma entidade que pudesse ser desenhada num mapa (a menos que este fosse simplesmente a tomada aérea das campanhas imperiais atualmente em curso e os seus traçados momentâneos), mas um modo de ser. As tropas vão e vêm, e não é tanto o poder de sustentação que mantém o espectro do império pairando sobre o planeta, mas sua irresistível capacidade de chegar sem convite no momento em que escolhe e sair sem grande alarde tão rapidamente quanto desejem os generais.

As tropas não chegam de pára-quedas para semear uma nova ordem e novas regras de coexistência humana. "Mudar o regime", "depor o ditador", "abrir caminho para a democracia" ou "libertar a população" logo mostram não serem nada mais do que slogans de RP, não importa com que firmeza (ou sinceridade) os que as empregam para justificar a guerra possam ter acreditado em sua veracidade. Como John Pilger descobriu ao examinar o estado de coisas num dos teatros desses conflitos, "dois anos atrás, quando as bombas começaram a cair, George Bush prometeu ao Afeganistão 'a generosidade dos Estados Unidos e de seus aliados'. Agora os velhos e conhecidos déspotas recuperam o poder, o fundamentalismo religioso renova o seu domínio e as escaramuças militares prosseguem de modo rotineiro".[11] Tudo caiu da frigideira no fogo. Um relatório da Human Rights Watch documenta "exército e tropas policiais controladas por déspotas raptando aldeões impunemente e mantendo-os em prisões clandestinas para fins de resgate; o estupro generalizado de mulheres, meninas e meninos: uma rotina de extorsões, roubos e homicídios arbitrários". Tudo isso feito "por pistoleiros e déspotas conduzidos ao poder pelos Estados Unidos e seus parceiros da coalizão após a queda do Talibã em 2001". Desde outubro daquele ano, mais de 10 bilhões de dólares foram gastos no Afeganistão, supostamente para a sua "reconstrução"; mas 80 por cento dessa soma generosa serviram para bombardear o país e pagar os déspotas. Pilger cita um alto funcionário do Departamento de Estado que, num encontro privado realizado ainda em janeiro de 1997, expressava a esperança de que o Afeganistão se tornasse "um protetorado petrolífero, tal como a Arábia Saudita". Quando lhe apontaram que a Arábia Saudita não era uma democracia e perseguia as mulheres, ele retrucou: "Podemos viver com isso."

Desenhar um mapa do império seria também um exercício sem sentido porque o traço mais conspicuamente "imperial" do seu modo de ser consiste em ver e tratar o conjunto do planeta, simultânea ou intermitentemente, como um campo de pastagem potencial e/ou o contêiner de ameaças explícitas ou ocultas, atuais ou futuras, ao bem-estar da metrópole. As "relevâncias tópicas" que colocam certas partes do globo sob as luzes da ribalta, enquanto tornam e mantêm outras partes invisíveis, se alteram dependendo das atuais definições dos interesses metropolitanos – elas próprias eminentemente mutantes.

Em contraste com as metrópoles imperiais de outrora, os Estados Unidos não estão mais interessados em aquisições territoriais e desistiram ativamente dos engajamentos gerenciais/administrativos fora de suas fronteiras. Como diz Benjamin R. Barber, os Estados Unidos "piscam e se voltam para dentro, mirando o além-mar somente para fixar os olhos malignos nos alvos 'inimigos', definidos por uma enganosa guerra contra o terrorismo e por 'Estados párias' quixotescamente selecionados para ficar no lugar dos terroristas, difíceis de achar e destruir".[12] Vistas da metrópole, as localizações e as fronteiras das áreas de *hinterland* ou *Lebensraum* americanas seguem as mudanças na percepção dos interesses metropolitanos e das ameaças à segurança da metrópole. Conforme as fronteiras se alteram, o mesmo ocorre com as áreas amistosas, hostis e indiferentes do planeta – dos Estados "aliados", "inimigos" e clientes. O modo de ser do império solapa o valor e a importância das fronteiras, enquanto as dispersas escapadas punitivas do exército imperial destroem em seu alicerce, e continuamente, o pressuposto da soberania territorial de todo e qualquer Estado.

Curiosamente, não é apenas a soberania territorial dos outros Estados que é solapada. A metrópole se torna uma "baixa colateral" desse processo, e essa é outra característica que a diferencia de suas correlativas de outrora. Por um lado, é uma incapacidade de "equilibrar os livros", na estrutura de um único Estado, embora amplo, rico e poderoso, que estimula a metrópole americana a buscar soluções globais para problemas internos, mas internamente insolúveis (como o fornecimento de energia barata ou os limites à redundância da mão-de-obra e suas repercussões sociais/políticas potencialmente devastadoras), e a se engajar, no curso dessa busca, em ações "imperialistas". Por outro lado, embora as ações possam ter motivação política, dificilmente poderiam ser guiadas politicamente. O espectro de opções políticas é bastante limitado e, como regra, o governo deve compartilhar o procedimento de escolha dos alvos com poderosas casas de força econômicas, que não controla (e freqüentemente submete-se a elas).

"Os Estados-nações estão perdendo cada vez mais as suas capacidades de ação e a estabilidade de suas identidades coletivas", observa Jürgen Habermas. "Há um sentimento incapacitante de que as políticas nacionais se reduziram ao gerenciamento mais ou menos inteligente de um processo de adaptação forçada à pressão de sustentar vantagens posicionais puramente locais."[13] Os governos se reduziram à tática da *Standorkonkurrenz* ("competição local") para seduzir o capital global livremente flutuante a fluir para dentro e convencê-lo a resistir à tentação de fazer o inverso.

Se você está procurando uma nítida demonstração do papel de mascate/mendigo a que os governos se reduziram em seu esforço para manter seus indivíduos vivos e longe do infortúnio, não precisa mais do que dar uma olhada no *website* do Departamento Britânico de Comércio e Indústria – administrado pelo "Novo Trabalhismo" –, o qual, como Polly Toynbee observou recentemente, "vende a Grã-Bretanha como uma nação de baixos salários e pouca proteção aos trabalhadores".[14] Lá você vai verificar que "os custos totais com salários no Reino Unido estão entre os mais baixos da Europa", que no Reino Unido "os empregados estão acostumados pelos patrões a trabalhar duro [sic]", que "em 2001 a média de horas de trabalho por semana foi [na Grã-Bretanha] de 45,1 para homens e 40,7 para mulheres", enquanto "a média na União Européia foi de 40,9 por semana", que "a lei britânica não obriga os empregadores a fornecer um contrato de trabalho escrito" e que esse país "tem a menor taxa de impostos para empresas entre todos os grandes países industrializados".

Não são apenas os governos, prejudicados por dirigir Estados menores e economicamente mais fracos, que têm as mãos atadas. Na ausência de uma rede verdadeiramente supranacional de instituições políticas e jurídicas capazes de "regular normativamente" os impulsos caprichosos e muitas vezes acidentais de um capital que já é supranacional, até o governo da única superpotência mundial, que se proclama a metrópole de um império de dimensões planetárias, compartilha os mesmos apuros. Como Richard Rorty já assinalava em 1996,

> O fato central da globalização é que a situação econômica dos cidadãos de um Estado-nação ficou além do controle das leis desse Estado. As leis de uma nação podiam costumeiramente controlar, num grau importante e socialmente útil, o movimento do dinheiro dessa nação. Mas agora que o financiamento de uma empresa comercial é uma questão de constituir um *pool* global de capital, de modo que empresas de Belo Horizonte ou Chicago sejam financiadas por dinheiro mantido nas Ilhas Cayman por déspotas sérvios, gângsteres de Hong Kong e presidentes cleptocratas de repúblicas africanas, não há como as leis do Brasil ou dos Estados Unidos possam ditar que o dinheiro ganho num país seja gasto nele, ou que o dinheiro poupado num país nele seja investido.[15]

Quanto ao um por cento de americanos que detêm 40 por cento da riqueza do país, explica Rorty em outro texto, "os dividendos crescem tipicamente quando os empregos são exportados de Ohio para o sul da China e da Carolina do Norte para a Tailândia".[16] Pouco surpreende que "eles tenham cada vez menos interesse no futuro dos Estados Unidos". A idéia de que o que é bom para a General Motors (ou, nesse sentido, para a Microsoft) é bom para os Estados Unidos não parece mais auto-evidente ou mesmo digna de crédito, se é que algum dia pareceu. Seguindo Michael Lind e Edward Luttwak, Rorty prevê uma época em que um quinto da população americana, sua parcela "profissional" com bom nível de escolaridade, estará "cumprindo as ordens dos super-ricos internacionais". Suas lealdades podem muito bem ser depositadas em lugares diferentes daqueles dos quatro quintos restantes da nação. O déficit democrático, em constante ampliação em todos os países envolvidos na "competição locacional", esperando desesperadamente "enquadrar o círculo" (salvar o que possa restar de sua legitimidade de governar numa época em que a sua própria capacidade de influenciar, para não dizer determinar, as condições de vida de seus cidadãos se enfraquece a cada dia), afeta as metrópoles do império planetário não menos, se não mais, do que o faz nas periferias mais distantes ou despossuídas do planeta.

Mike Mormile entrou para a siderúrgica LTV, em Cleveland, Ohio, aos 21 anos de idade. Trinta e dois anos depois, em dezembro de 2002, no dia em que a LTV se declarou insolvente e convocou os síndicos da massa falida, ele se tornou redundante, juntamente com outros 56 mil empregados da companhia (ao todo, 250 mil americanos foram despedidos de siderúrgicas nos últimos anos).[17] Mike Mormile perdeu 65 por cento do seu fundo de pensão e, da noite para o dia, ele a família ficaram sem seguro de saúde. As duas empresas remanescentes no ramo da siderurgia, a ISC e a US Steel, adquiriram por um preço irrisório um pequeno número das que foram à falência, cortaram pela metade o tempo de trabalho exigido para se produzir uma tonelada de aço, mas se recusaram a assumir a responsabilidade pelos direitos obtidos pelos empregados em sua vida de trabalho. Só um punhado dos antigos trabalhadores conseguiu emprego nas novas siderúrgicas, muito reduzidas, privadas de seus ativos. O produto total das siderúrgicas recuperadas é agora consideravelmente inferior ao nível da demanda americana: o vácuo é preenchido com aço importado de países em que os trabalhadores recebem muito menos que nos Estados Unidos e onde a proteção sindical é inexistente ou menos efetiva do que aquela atualmente garantida pela legislação americana. Leo Gerard, presidente da United Steelworkers of America, opina que "os Estados Unidos se tornaram o canal de escoamento da produção excedente da indústria siderúrgica global".

O aço é apenas um entre muitos produtos, e a "economia nacional" dos Estados Unidos (outro termo que deriva o seu atual significado de uma ficção atuarial sustentada por uma convenção contábil, e não de uma "totalidade" real, e que portanto só deve ser usado, se é que deve, *sous rature*) é apenas uma entre muitas "economias nacionais". O problema, porém, é que mesmo o país considerado, que afirma ser e/ou é visto como a metrópole do império mundial, está longe de se garantir contra o impacto adverso dessas forças econômicas desregulamentadas e em grande medida extraterritoriais, sem âncora e livremente flutuantes, agora capazes de desafiar efetivamente toda e qualquer restrição imposta em âmbito local. Tal como ocorre com outros governos, a administração federal americana não tem outra opção a não ser engajar-se na *Standortkonkurrenz*. Tal como em outros países, as tentativas de atrair e manter esse capital volátil não podem deixar de ser mornas e vacilantes. Não admira que os êxitos obtidos sejam ambíguos.

Dito isso, há razões para suspeitar de que a economia americana esteja ainda pior do que se pode avaliar pela leitura das estatísticas preocupantes sobre "crescimento econômico", e particularmente sobre a distribuição da "riqueza nacional". A dívida pública americana é exorbitante. Os Estados Unidos vivem do crédito fornecido pelo resto do mundo (ou dele extorquido), mas gastam prodigiosamente, incluindo muito dinheiro que não ganharam. David Harvey calcula que estrangeiros possuam agora um terço da dívida pública e 18 por cento da dívida das empresas americanas. Os Estados Unidos "dependem agora de mais de dois bilhões de dólares por dia em termos de fluxo de investimentos líquidos externos para cobrir o déficit de conta corrente, que cresce sem parar, com o resto do mundo".[18] Isso, conclui Harvey, "torna a economia americana extraordinariamente vulnerável à fuga de capitais". A questão de saber se essa situação, inimaginável no caso de economias nacionais menores, "comuns", pode sustentar-se a longo prazo, e por quanto tempo esse prazo é capaz de perdurar, é uma variável agourenta e potencialmente cataclísmica na equação imperial. Também é o que todos estão querendo saber...

Em sua incisiva condenação, que ocupa um livro inteiro, do império mundial liderado pelos Estados Unidos, Benjamin Barber afirma que a atual conduta dos líderes americanos (endossada e apoiada pela opinião do "americano médio") é uma seqüência lógica do isolacionismo daquele país um século atrás.

Há, com efeito, um claro elemento de continuidade entre essas duas posições aparentemente antagônicas: uma espécie de "metapressuposto" que as coloca apenas como duas variantes da mesma visão de mundo. Segundo esse pressuposto, os Estados Unidos estão condenados a se basear nos *próprios* instintos, seu destino é fazer o que deve ser feito, *sozinhos*. Daí o mandamento: os Estados Unidos devem manter distância dos outros, aceitar ajuda quando necessário, mas lembrar que, quando chegar o momento da verdade e do ajuste de contas, caberá aos americanos, e unicamente a eles, ganhar a batalha. Os Estados Unidos devem precaver-se dos amigos falsos, volúveis e inconfiáveis (e a maioria dos amigos é assim) tanto quanto dos inimigos explícitos – ou talvez mais –, já que não há como saber por quanto tempo a amizade oferecida, mesmo pelo amigo mais sincero, continuará em oferta. Preceitos práticos são extraídos desse mandamento na filosofia de vida americana, dirigidos a todos os níveis da interação humana – do subtítulo "Não confie em ninguém" de *Survivor*, *reality show* imensamente popular, à insistência de Rumsfeld de que quaisquer coalizões que os Estados Unidos possam montar tendo em vista as próximas operações militares devem ser "*ad hoc*" e permanecer "flexíveis", e/ou ao veredicto de George Bush de que "quem não está conosco está contra nós".

O unilateralismo americano rima bem com a experiência da história americana, remodelada em verdades consideradas inquestionáveis pela simples razão de jamais terem sido submetidas a um questionamento. Também rima bem com o bom senso do "americano médio", imune a dúvidas, já que vacinado contra a tentação de questionar. "O curso desta nação", insiste George W. Bush, "não depende das decisões dos outros"[19] – e seria possível desculpar quem pensasse que essas palavras foram pronunciadas por um presidente anterior, Monroe, e não por alguém que se proclama o líder mundial. Barber observa que *os dois* campos da elite americana (que ele chama de "Águias" e "Corujas", ambas predadoras, mas aquelas ousadas, impetuosas e afoitas, enquanto estas são circunspectas, calculistas e contemporizadoras) "se fixam no direito soberano dos Estados Unidos, como nação independente, e de seu 'povo escolhido', de se defenderem onde, quando e como preferirem de inimigos que só eles têm o direito de identificar e definir".[20] De fato, a única diferença entre o isolacionismo do passado e o unilateralismo do presente é a radical expansão do espaço no interior do qual os interesses americanos precisam ser defendidos e onde os Estados Unidos continuam sendo, em última análise, o protetor solitário – a única potência capaz e desejosa de garantir e manter seguros os interesses americanos.

Em 29 de junho de 2003, Paul Bremer, administrador americano do Iraque ocupado, deixava pouco espaço à imaginação e menos ainda à barganha e à negociação: "Nós dominamos o cenário e vamos ... impor a nossa vontade sobre este país"[21] – o pressuposto tácito, ou nem tanto, sendo que o "nós" que impõe a vontade são aqueles que dominam o cenário, e "dominar o cenário" é base suficiente para a imposição da vontade. A afirmação mostrou grande dose de autoconfiança, mas pouco poder de previsão. Na época em que foi feita, o Iraque estava, nas palavras de Mark Seddon, "ardendo na guerrilha", enquanto Bagdá permanecia "um lugar arruinado e ameaçador onde a nova 'autoridade provisória da coalizão' não pode sequer acender a luz para trabalhar". Desde então, as luzes dos prédios do quartel-general podem ter sido acesas, mas não conseguiram iluminar o futuro do Iraque. A guerrilha está longe de ter se aquietado, com o número de seus membros se ampliando juntamente com o número de suas vítimas diretas e colaterais. O grau em que as tropas ocupantes "dominam o cenário" – se é que dominam – se tornou uma questão a cada dia mais duvidosa.

Mas que relevância tem o "domínio do cenário" para as preocupações atuais do infeliz imperador?

Jacques Derrida articula o problema que agora se tornou um truísmo: em nosso planeta globalizado, os terroristas não travam uma "guerra", e a idéia de "guerra contra o terrorismo" é uma alegoria distante e enganosa ou um conceito sem significado.[22] O terrorismo global (e globalmente concebido, nascido e criado) contemporâneo não se encaixa em nenhum dos três tipos de conflitos que Carl Schmitt, apenas meio século atrás, considerava trivialmente como uma classificação exaustiva da guerra: guerra entre Estados, guerra civil e guerra *partisan* (guerrilha). Na atividade terrorista, o elo entre violência e território foi praticamente rompido.

Jürgen Habermas vai um passo além. Tendo admitido que o termo guerra pôde ser usado pelos líderes americanos por ser menos vulnerável à contestação do que as suas alternativas, ele considera a sua adoção um erro grave do ponto de vista tanto "normativo" quanto "pragmático". O uso do termo "guerra" é um erro do ponto de vista normativo porque eleva criminosos ao nível de soldados inimigos, mas também do ponto de vista pragmático porque "é impossível travar uma guerra (já que é isso que se deve fazer para preservar o significado do termo, independentemente de sua definição) contra uma 'rede' cuja identificação é problemática".[23]

Podemos acrescentar: reagir ao terrorismo "travando uma guerra", pelo menos da forma como até agora se empreendeu a série de atos sumariamente chamados por esse nome, não é uma "continuação da política" da parte dos que declaram e conduzem o conflito. A questão é que, afinal de contas (novamente citando Barber), o terror tem mais sucesso em suas promessas do que naquilo que ele realmente consegue, e assim transforma os esforços para se defender dele em sua principal ferramenta ... O terrorista pode ficar sentado numa caverna da montanha ou numa favela de Karachi e observar os seus inimigos se autodestruírem, em função do medo inicial que ele semeou com um único e singular ato de terror ou com um punhado de ameaças em seqüência bem planejada ...[24]

Pela opinião comum, o objetivo supremo dos terroristas é paralisar e incapacitar um inimigo perante o qual eles são muito fracos para enfrentar numa batalha aberta – aguilhoando e manobrando esse inimigo para mantê-lo num estado permanente de insegurança e medo. As armas que os terroristas possuem ou podem obter pareceriam risivelmente primitivas caso fossem apresentadas numa feira de armamentos ao lado da mais alta tecnologia e do estado-da-arte dos dispositivos saídos dos depósitos e laboratórios de pesquisa e desenvolvimento da superpotência militar. Os terroristas, porém, gozam de uma enorme vantagem sobre as armas mais poderosas e seus usuários: podem utilizar os recursos da superpotência – os seus numerosos sistemas de atendimento público e seus ubíquos instrumentos de segurança, inigualáveis quando se trata de plantar e cultivar uma mentalidade de "fortaleza sitiada" – para ajudá-los em sua estratégia de semear o medo e garantir o seu sucesso.

E os terroristas, diferentemente de grandes batalhões com armamentos pesados, podem mover-se com rapidez, sub-repticiamente e sem alarme. Nessa arte, não têm rival – e então é a vez de a superpotência sonhar, em vão, em igualar a agilidade do outro. Réplicas fiéis da nova elite *globetrotter* e do capital extraterritorial que essa elite representa, os terroristas não precisam de colunas de suprimentos desajeitadas, volumosas e inconvenientes que poderiam reduzir a sua liberdade de movimento. Não podem ser detidos por militares travando guerras territoriais, tal como as finanças globais não podem ser controladas nem atrasadas por políticos buscando desesperadamente assentar o seu poder de agir numa soberania territorialmente definida. As tentativas de apresentar o exército terrorista como se consistisse em colunas marchando de um lado para outro em bases militares fortificadas são ao mesmo tempo vis e lamentavelmente ineficazes.

Queiram ou não, as potências imperiais devem tentar igualar o "modo terrorista", embora os meios dos quais os terroristas dispõem lhes estejam barrados. Por essa razão, não podem se dar ao luxo de parar de tentar, não importa quão fúteis – já que inconclusas – tendam a se mostrar as suas tentativas. Sentem-se obrigadas a investir cada vez mais e literalmente "pôr mais dinheiro a perder". Nas palavras de Barber, os Estados Unidos "devem estender continuamente o compasso do seu poder para preservar o que já possuem, e assim, quase por definição, estão sempre acima da sua capacidade".[25]

Embora dramáticos, espetaculares e eminentemente "foto-oportunos", os esporádicos e esparsos atos terroristas – ainda que multiplicados na consciência do público pelos alarmes, muito mais numerosos, repetitivos e crescentemente regulares, dos setores de inteligência, de que outros virão – representam apenas um sintoma da "terra de fronteira" global onde tudo pode acontecer e nada pode ser feito de uma vez por todas, onde as regras são feitas apenas para ser quebradas, onde a tática de "bater e fugir" é o único modo de ação eficaz, e onde os que dominam essas artes detêm o poder supremo (quer dizer, até serem superados pelos seus ávidos e inteligentes graduandos). Nessa "terra de fronteira", estabelecida pela desregulamentação e emancipação maciças da economia capitalista, em relação às antigas restrições locais (leia-se: impostas pelo Estado-nação), o aumento da produção e a privação violenta (na linguagem de Harvey[26]) caminham de mãos dadas, e muitas vezes é difícil distingui-los.

Na terminologia de Harvey, o capital global se reproduz, assim como reproduz as condições para a sua auto-reprodução contínua, apresentando como principal arma a "acumulação pela privação" – ou seja, "a criação periódica, em algum lugar do planeta, de um estoque de ativos desvalorizados que podem ser postos a funcionar lucrativamente em favor dos excedentes de capital, carentes de oportunidades em outros lugares"[27]. Na época da crise financeira asiática de 1997-8, por exemplo, a combinação de "depreciação maciça, liberalização financeira estimulada pelo FMI e recuperação facilitada por essa mesma instituição" levou, como afirmaram R. Wade e F. Veneroso, à "maior transferência, em tempos de paz, de ativos de proprietários domésticos a estrangeiros realizada no mundo nos últimos 50 anos".[28]

O capital e os militares seguem táticas marcadamente similares do tipo "bater e fugir". Terras até então "virgens" (do ponto de vista de marketing), ou tipos de mercadorias que nunca tinham sido incluídos na circulação de mercado e recebido um valor de troca (serviços e propriedades públicas fornecidos e administrados pelo Estado, recursos anteriormente invendáveis, como água, estoque genético, produtos intelectuais ou até tradições e memórias históricas), são agora transformados em alvos da "mercantilização". São privadas de seus ativos, os lucros dos acionistas são temporariamente inflados, depois do que o capital se move rapidamente para outros prados ainda não utilizados como campos de pastagem, deixando atrás de si as massas de expropriados – o "resto humano" do último capítulo da história do desenvolvimento capitalista.

Enquanto, no caso das escaramuças militares, a substância da tática do "bater e fugir" é escapar às responsabilidades pelos danos perpetrados no curso da ação e suas conseqüências, no caso do capital o princípio é evitar a responsabilidade pelas conseqüências da privação – pelas incontáveis vidas destituídas dos meios de sobrevivência e auto-reprodução, e portanto virtualmente incapazes de reagir à exploração da mão-de-obra "emancipada" nos termos do capital. Em ambos os casos, a arma mais letal em poder dos atacantes é a liberdade e a velocidade de movimentos: a sua capacidade de fugir do campo de batalha no momento em que todos os espólios tiverem sido recolhidos e todos os ativos apropriados, quando a possibilidade de destruição "criativa" tiver se esgotado, deixando a tarefa de "recolher os dejetos" para os habitantes "locais", derrotados e destituídos. O perigo verossímil da fuga de capitais é o principal fator que sujeita o capital humano "libertado" – agora incapacitado e afastado da ação produtiva capaz de lhe garantir a subsistência – à mercantilização e à exploração.

Uma "terra de fronteira" tem uma expectativa de vida estritamente limitada, a menos que se expanda de modo extensivo e intensivo. Na tática de "bater e fugir", o império que transforma o planeta numa terra de fronteira busca a fórmula mágica de sua própria sobrevivência. Há uma retroalimentação recíproca entre as condições da terra de fronteira e o capitalismo da era da globalização.

O "novo império" existe nos domínios de uma terra de fronteira. É o único lugar onde pode respirar livremente, o único espaço onde lhe é possível ressuscitar momentaneamente as suas condições de sobrevivência e reabastecer as fontes de sua vitalidade.

"É hora de parar de fingir que europeus e americanos têm uma visão comum do mundo, ou até que ocupam o mesmo mundo" – esse é, relembremos, o veredicto de Robert Kagan, membro do Carnegie Endowment for International Peace. Os europeus, diz ele, "acreditam estar caminhando para além do poder, na direção de um mundo auto-sustentado de leis e regras, de negociação e cooperação transnacionais" – enquanto os Estados Unidos "permanecem enredados na história, exercendo o poder no anárquico mundo hobbesiano em que as regras internacionais não são confiáveis e onde a segurança e a promoção da ordem liberal ainda dependem da posse e do uso do poderio militar".[29]

De repente, a Europa se viu numa posição desconhecida – sem precedentes, inexplorada, não mapeada. Após séculos de satisfeita imersão na *bellum omnium contra omnes* [guerra de todos contra todos] hobbesiana, quase sempre (mas não exclusivamente) fora de suas fronteiras, a Europa agora se compraz na aceitação do modelo kantiano da paz eterna. A ironia é ter chegado a esse ponto num planeta hobbesiano baseado na rejeição daquele modelo e cujas raízes colaborou em muito para fincar.

Pelo olhar e pela prática da Europa de hoje, a máxima do "manda quem pode" não é mais aceitável – mas os céticos zombariam da afirmação de que o velho continente perdeu a credibilidade aos olhos dos europeus simplesmente por ter deixado de ser uma arma em suas mãos. Enfraquecida e relegada a um status secundário e dependente, a Europa não pode lutar pelo que acredita ser certo com base no seu poder atual, amplamente inadequado.

Por trás do argumento de Kagan se esconde a crença de que a realidade de um mundo hobbesiano é um bônus bem-vindo e a primeira preferência dos que se podem dar a esse luxo, os fortes e poderosos. Enquanto isso, o sonho kantiano de paz eterna é um consolo para os fracos ou uma desculpa para os fracassados e exauridos – exatamente o tipo de opinião que se esperaria ser concebida, promovida e corroborada diariamente numa terra de fronteira.

Poder-se-ia afirmar em favor de Kagan que ele dificilmente tenta ocultar essa opinião, mesmo que não chegue a articulá-la de maneira explícita. No mesmo viés, ele vai ao ponto de assinalar que a Europa só pode ter esses sonhos por cortesia dos Estados Unidos, que assumiram a tarefa de fazer do mundo hobbesiano um lugar receptivo à habitação humana. "A ordem kantiana da Europa depende da utilização do poder pelos Estados Unidos segundo regras hobbesianas."

Étienne Balibar oferece um comentário altamente esclarecedor sobre o retrato que Kagan faz da atual situação da Europa, pintado com a paleta dos interesses imperiais americanos:

> Não creio que esteja distorcendo o significado da análise de Kagan se disser, resumindo: a posição dos "europeus", expressando algo como uma religião da lei, é ao mesmo tempo *destituída de poder* ("quantas divisões, Europa?", poderíamos indagar, fazendo eco a Stalin) e *ilegítima* (já que disfarça uma regressão histórica como progresso moral, representando a sua real fraqueza como uma força imaginária). Por fim, é *autodestrutiva*, já que solapa as capacidades de defesa das democracias ocidentais ... Decididamente, não são os Estados Unidos que têm "poder demais", mas a Europa que o tem muito pouco...[30]

Fica-se tentado a imaginar, porém, se a belicosidade dos Estados Unidos, acoplada ao seu enorme poderio, e a comparativa carência militar da Europa, combinada aos sentimentos pacifistas dos europeus – vistas mutuamente como calamidades –, não constituem uma mistura verdadeiramente explosiva ao se encontrarem no mesmo planeta e no mesmo período histórico. Essa mistura é, com efeito, inerentemente instável, implicando a ameaça de uma catástrofe de proporções incalculáveis. Trata-se de um momento para a humanidade em que a capacidade de agir com ponderação e a disposição de atuar eticamente se retiram para campos diferentes.

Especialmente aqui e agora, quando o interesse pela sobrevivência e o "progresso moral" precisam um do outro como nunca precisaram antes. Um não pode ser satisfeito sem o outro. Ambos ditam os mesmos imperativos para a ação e a mesma estratégia. Já que não se pode mais garantir uma existência segura a terras e pessoas, individual ou coletivamente (sob condições de interdependência planetária, a segurança de qualquer lugar do planeta só pode ser alcançada no quadro de uma humanidade segura), a ação global eticamente esclarecida, voltada para a defesa dos seres humanos contra a indignidade em qualquer lugar, assim como para reduzir a crescente desigualdade de oportunidades e o volume cada vez maior de humilhação e injustiça social, é a condição mais fundamental para a sobrevivência comum em qualquer dos vários sentidos dessa noção.

Outro aspecto da atual condição planetária tem-se tornado cada vez mais claro (ou, para os que têm consciência histórica, enfaticamente reconfirmado) nos últimos anos: deixado por sua própria conta, é totalmente improvável que o "mundo hobbesiano" possa "reformar-se". Seu impacto nocivo e, por fim, ruinoso sobre todas as partes do globo e suas interações é, pelo contrário, mais capaz de se exacerbar e revelar sua tendência inerente de escapar ao controle. Ninguém pode sentir-se seguro; nem mesmo o vencedor de hoje está isento dessa regra e suficientemente fortalecido contra esse perigo. Os ganhos que os competidores podem extrair desse permanente salve-se-quem-puder são endemicamente inseguros, e os custos de sua defesa crescem a cada dia, mesmo que o preço das vidas humanas perdidas em nome de sua defesa seja deixado fora da contabilidade.

Exatamente quando a derradeira vitória da liberdade (tal como corporificada no livre mercado) foi anunciada, a economia global entrou em sua década mais turbulenta e assustadora. A pungente e picante descrição que David Harvey faz desse período memorável merece ser citada por extenso:

> Durante a década de 1990, não havia um inimigo claro e o *boom* da economia americana devia ter garantido um nível de contentamento e satisfação sem paralelo para todos, exceto os elementos mais desprivilegiados e marginalizados da sociedade civil. No entanto ... os anos 1990 se tornaram uma das décadas mais desagradáveis da história dos Estados Unidos. A competição era perversa, as divindades da "nova economia" se tornavam milionários da noite para o dia e ostentavam a sua riqueza, patifarias e esquemas fraudulentos proliferavam, escândalos (reais e imaginários) eram em toda parte acompanhados com deleite ... a exuberância (ir)racional prevalecia sobre o bom senso, e a corrupção do processo político pelas corporações era gritante. A sociedade civil, em suma, estava longe de ser civil. A sociedade parecia estar se fragmentando e se desagregando a um ritmo alarmante. Parecia ... estar a ponto de desmoronar no caos sem propósito nem sentido dos interesses privados.[31]

A guerra vencida, especialmente de modo definitivo e irrevogável, como proclamou Francis Fukuyama, mostrou-se um perigo mais sinistro e tóxico do que os riscos de uma batalha permanente e de resultados ainda por avaliar. E assim se prescreveu outra guerra como o remédio evidente para as aflições da vitória ... Nessas circunstâncias, como observa Harvey, "o envolvimento com o Iraque foi muito mais que uma mera distração das dificuldades domésticas; foi uma grande oportunidade para impor um novo sentido de ordem social no plano doméstico e colocar a comunidade nos eixos". A um preço enorme, é claro, e cada dia maior, pago principalmente pela democracia e pelas liberdades civis. "A crítica foi silenciada como impatriótica. O inimigo externo maligno se tornou a principal força pela qual se poderia exorcizar ou suavizar os demônios ocultos do lado de dentro."

O "mundo de Fukuyama", se um dia vier a existir, pode não ser mais do que outra versão do mundo hobbesiano. A ausência de um adversário viável encarnando uma alternativa igualmente viável é o verdadeiro calcanhar-de-aquiles de um capitalismo global triunfante e exuberante, livremente flutuante e de penetração total. Seu maior infortúnio, potencialmente terminal, é a ausência de uma resistência efetiva. Num planeta fukuyamano/hobbesiano, o poder militar americano, braço forte, desbravador e força policial do capitalismo global, pode golpear à vontade e aleatoriamente ("no lugar que escolher, no momento em que preferir"), tendo pouco a temer e esperando emergir sem danos de um choque curto e profundo. Mas é precisamente essa esperança que mantém e revigora o mundo hobbesiano, tornando o caráter nebuloso de sua alternativa kantiana uma profecia auto-realizadora.

Por meio século, um inimigo formidável, apavorante e demasiado real defendia o capitalismo das conseqüências mórbidas de seus excessos mais fatigantes e preocupantes. O capitalismo provavelmente teria vencido esse inimigo com muito pouca dificuldade, caso o confronto se limitasse a uma corrida realizada na pista do capitalismo – como ocorreu no final, quando a reprodução da sólida e intransigente alteridade desse inimigo perdeu o seu ímpeto interno. Enquanto o inimigo não era apenas outro competidor na mesma corrida, mas um "outro" genuíno, portador de um modo de vida alternativo, ele podia induzir o capitalismo à autolimitação e à autocorreção. É o tipo de adversário que agora visivelmente faz falta. Em sua marcha triunfante e aparentemente ininterrupta pelo cassino planetário, o capital se defronta, em vez disso, com numerosos competidores ávidos por jogar o mesmo jogo e prontos a depositar todas as suas reservas na banca, ou com ladrões de banco incertos das chances que têm sobre a mesa e portanto em busca de um atalho para mudar a sorte. Uma variedade de adversários com que esse capital não se defronta são os proponentes e as encarnações realistas de uma forma de vida alternativa que poderia acarretar a abolição do cassino. Em sua conquista do planeta, o novo capitalismo global obtém vitórias sucessivas sob o signo da Alternativa Ausente. É sob esse mesmo signo que pode perecer.

A Europa poderia preencher esse vácuo? Poderia ela oferecer, ser, a Alternativa? Houve uma época em que essa parecia uma perspectiva realista.

Lambendo as feridas do último conflito local montado no palco global e espremida entre a visão de pesadelo de uma *Gleichschaltung* [sincronização] totalitária avançando do Oriente Próximo e as suas próprias memórias horripilantes das devastadoras e, em última análise, sangrentas conseqüências domésticas da *Standorkonkurrenz*, a Europa se pôs a trabalhar duro, durante 30 gloriosos anos, no grande experimento social de mitigar os inaceitáveis extremos do capitalismo sem freios com o "socialismo de face humana", enquanto evitava as conseqüências insustentáveis da versão comunista da eqüidade social, crua e rude, com um "capitalismo de face humana". A Europa buscava, por assim dizer, uma "terceira via" *avant la lettre.*

O resultado foi o *Estado social.* Ou seja, um Estado que oferecia a todos os cidadãos uma política de seguro, endossada e financiada coletivamente, contra os danos individuais e de grupo inevitáveis numa economia capitalista, e um Estado que avaliava a qualidade da sociedade como um todo pela qualidade de vida de seus cidadãos mais fracos e gravemente feridos.

Houve, é claro, numerosos fatores, além dos medos gêmeos acima mencionados, que prepararam o caminho para a combinação de reformas graduais no projeto, construção e manutenção de um "Estado social" – e todos esses fatores foram amplamente pesquisados e registrados.[32] Pode-se argumentar, porém, que todos esses fatores em conjunto não teriam sido suficientes, não fosse pela situação de "laço duplo" da Europa, embarcada numa perigosa viagem entre o demônio e as profundezas do oceano. Foi o senso, compartilhado por todos, de perigo iminente e a indiscutível necessidade de cumprir a rota intermediária entre dois rochedos igualmente perigosos e assustadores que possibilitaram que esses fatores se vinculassem, se interligassem, se compatibilizassem e produzissem o consenso europeu do pós-guerra.

Dado o consenso quase universal sobre a natureza do problema e o generalizado apoio à solução escolhida, não houve escassez de forças políticas, articuladas ou passíveis de articulação, preparadas para se mobilizar em defesa do grande experimento destinado a pôr um fim à endêmica inclinação da Europa às guerras civis – quer fossem da variedade entre Estados ou da transnacional, interclasses. O orgulho da primazia entre essas forças políticas pertencia, porém, à Democracia Cristã – estufa intelectual e base política de Adenauer, Gaseri e Schumann, os três estadistas que foram os principais responsáveis pelo estabelecimento dos alicerces de uma "política social" em vez de uma "política do poder" na Europa. A eles se juntou Paul-Henri Spaak, um socialdemocrata. Se eu fosse instado a quantificar o peso relativo das contribuições, consideraria como um bom guia a composição político-partidária dos "Quatro Grandes". Em sua tradição, se não em seu idioma político corrente, a visão da Democracia Cristã era essencialmente transnacional: a Europa era um "Sacro Império" muito antes de ser dividida em domínios nacionais. Podia-se dizer que a Democracia Cristã era uma nova versão multilíngüe do espírito da Europa cristã de língua latina. Como tal, tinha menos inibições do que outros campos políticos (incluindo os socialdemocratas, que tinham sido treinados desde o início do século XX e nos 40 anos de guerra quente e fria a apoiar os seus respectivos nacionalismos, sem excluir os mais chauvinistas e belicosos) e ainda menos rejeição à idéia de uma unificação transnacional do continente. Essa transnacionalidade – simbolizada pela França e pela Itália católicas de mãos dadas com a Alemanha protestante e restringindo o sacrossanto princípio da soberania nacional que, na era pós-Westphalia, veio a substituir, e solapar, a unidade cristã – podia ser considerada uma continuação, após três séculos de interlúdio nacionalista, do processo inacabado de Contra-Reforma; a restauração de um ecumenismo pan-europeu já comprovado, referente ao *statu quo ante*, e não um salto no desconhecido.

Na construção e manutenção do Estado de bem-estar social, a democracia social foi o principal parceiro, ao mesmo tempo o painel de especialistas e a agência executiva. Com efeito, durante 30 anos do pós-guerra, o desenvolvimento de instituições e medidas de "bem-estar social" se tornou a marca registrada dos partidos socialdemocratas em praticamente todos os países europeus. Com o tempo, a preocupação com a "seguridade social" se tornou um traço distintivo dos Estados europeus – e assim permaneceu, sem muito questionamento, até a aurora da "revolução neoliberal", nos anos 70. A essência dessa revolução tardia foi a liberação da produção e distribuição de riquezas da supervisão e administração estatal pretendidas pelo modelo do Estado de bem-estar social. Em outras palavras, a substância da guinada neoliberal foi a submissão daquela parcela da soberania territorial do Estado-nação que era crucial para a função de "livro-caixa" daquele modelo, e assim também para corresponder às responsabilidades sobre as quais se fundamentou a legitimação do poder do Estado durante aqueles estonteantes "30 anos gloriosos".

O modelo do "Estado de bem-estar social" acarretava necessariamente, como elemento essencial, o objetivo do "pleno emprego", termo taquigráfico que significa a reafirmação da importância – ou melhor, da indispensabilidade – de cada cidadão, para a riqueza e o bem-estar da sociedade como um todo. O objetivo do pleno emprego andava de mãos dadas com a postulada plenitude da cidadania: juntamente com o "lado do consumidor", o direito a partilhar dos benefícios da crescente riqueza nacional, estava o direito de participar da criação dessa riqueza e, conseqüentemente, de administrar os assuntos públicos (considerados comuns e compartilhados) e participar da determinação da natureza dos interesses públicos (também considerados comuns e compartilhados). Se o endosso e o fornecimento coletivos da seguridade social contra os infortúnios sofridos individualmente refletiam a intenção de socializar os riscos endêmicos à economia capitalista e à competição de mercado, a cidadania plena e ativa assinalava o esforço da inclusão universal, por meio do corpo político, numa sociedade que evoluía na direção do tipo ideal de comunidade.

Com o benefício da distância, podemos interpretar o Estado social como sendo (ao que se esperava) uma solução para o problema colocado pela retirada da Europa de suas possessões coloniais ultramarinas.

A progressiva eficiência da moderna economia capitalista/de mercado tem sido paga desde o início por um volume crescente de "pessoas redundantes" – pessoas para as quais as novas formas de produção de riqueza, aperfeiçoadas, mais inteligentes e esbeltas, eram inúteis. Por vários séculos, esse "resíduo humano" do progresso econômico podia ser depositado nos vastos territórios que, devido à superioridade militar e tecnológica dos europeus, podiam ser tratados, para todos os fins e propósitos práticos, como terra de ninguém, ou de qualquer modo "deserta" e "sub-habitada", "ociosa" e "subcultivada". Problemas de redundância, potencialmente explosivos, gerados localmente, encontraram soluções globais. Mas, uma vez desatrelado sobre as populações nativas pré-capitalistas das terras colonizadas, o "novo e aperfeiçoado" modelo econômico capitalista transformou gradualmente os territórios conquistados de "depósitos de lixo" em fábricas enormes, cada vez maiores, de pessoas redundantes. Não era mais possível esvaziar os montes de cinzas, potencialmente combustíveis, da população excedente diariamente produzida pelo progresso econômico no plano doméstico e despejá-la, ao menos em parte, nas terras de ultramar. O lixo só poderia ser neutralizado e desintoxicado se fosse reciclado domesticamente. Os excluídos tinham de ser readmitidos. Os inúteis tinham de ser novamente transformados em úteis. Aqueles a que se havia negado alocação social tinham de ser reposicionados. Aqueles a que se havia recusado a dignidade humana tinham de ser reabilitados. Acima de tudo, a todos – tanto os temporariamente oprimidos quanto os atualmente afortunados – era preciso assegurar, e ainda garantir, que era exatamente isso que aconteceria em casos de necessidade. O Estado de bem-estar social era visto como a solução para todos.

Deixar o capital de fora dessa complexa equação ética/social/política significou o réquiem do Estado social. O que permanece dessas instituições é agora obrigado a travar uma luta penosa contra a pressão de problemas produzidos globalmente. Os Estados sociais europeus agora se defrontam com a tarefa impossível de oferecer soluções localmente planejadas, administradas e protegidas para problemas produzidos globalmente e que estão além do alcance do controle local. Os Estados-nações têm como único recurso a estratégia da *Standorkonkurrenz*, e esse tipo de competição interestatal estabelece demandas que militam contra os princípios mais fundamentais do Estado social inclusivo. O lado reverso do esforço para salvar as funções inclusivas/protetoras que, se esperava, fossem desempenhadas pelo Estado de bem-estar social é a sua máxima desesperança – não há soluções locais para problemas globais, e um Estado de bem-estar social não pode ser construído nem sustentado em um Estado territorialmente soberano tomado isoladamente; talvez nem mesmo dentro de uma "fortaleza" que incorpore, com o objetivo de reforçar a sua defesa, uma combinação de vários desses Estados. A globalização do capital e do comércio, a remoção das restrições e as obrigações impostas ao capital no plano local, e a resultante extraterritorialidade das principais forças econômicas tornaram "o Estado de bem-estar social num único país" quase que uma contradição em termos.

A abrupta capitulação do controle do Estado sobre os empreendimentos do capital não ocorreu sem resistência. Houve uma época, depois do *coup d'État* reaganista/thatcherista, em que os europeus votaram pelo retorno dos socialdemocratas ao poder em 13 dos 15 Estados-membros da União Européia. Mas isso mostrou ser apenas um curto episódio. Por toda parte, embora com graus variados de convicção e zelo, partidos que antes se identificavam com o projeto do Estado de bem-estar social, uma vez no governo, presidiram o seu desmantelamento. Em vez de assegurar o controle público dos recursos públicos, transferiram mais ativos nacionais para o livre jogo das forças do mercado e fizeram com que mais recursos antes excluídos da mercantilização se tornassem receptivos à lucratividade e à acumulação do capital. Alguns o fizeram com entusiasmo, proclamando o papel invertido como uma "nova e aperfeiçoada" versão da doutrina socialdemocrata, antiquada e ultrapassada; outros, com relutância e sob pressão – mas todos insistiram em tom vociferante (ainda que por vezes de cara envergonhada) em que o "novo caminho" era o único possível e, transformando em dogma o slogan "não existe alternativa", ajudaram a enterrar todas as opções realistas e imagináveis.

Como descobriu Allyson Pollock, a verdadeira extensão da mercantilização dos serviços que antes eram públicos dificilmente poderia ser avaliada a partir da leitura das manchetes de jornal. No Reino Unido, a gradativa, mas profunda e implacável, defasagem das medidas de seguro coletivo e a ruptura dos pressupostos mais fundamentais do modelo do "Estado de bem-estar social" ocorreu de maneira sub-reptícia, sem sequer se manifestar no debate público, muito menos submeter-se a uma decisão estratégica democraticamente endossada. Por exemplo, "nos últimos 20 anos o Sistema Nacional de Saúde se retraiu quase totalmente no que se refere à cláusula do tratamento de longo prazo". "A principal responsabilidade pelo tratamento de idosos fragilizados ou doentes, assim como dos portadores de deficiência, ficou para os 5,7 milhões de atendentes, dos quais 600 mil fornecem cuidados voluntários [gratuitos – não remunerados] durante 50 horas ou mais por semana." "Em 2001, 91 por cento dos leitos dos sanatórios e 75 por cento dos leitos de atenção residencial na Inglaterra eram operados em base lucrativa."[33]

Progressivamente enfraquecidas, as cláusulas do Estado de bem-estar social foram se transformando de símbolos dos direitos dos cidadãos em ferramentas de exclusão social – sintomas/indicações de estigma social – e assim perderam rapidamente o fascínio, juntamente com os vestígios do seu apoio eleitoral. Mas a principal vítima do massacre das opções alternativas foi a própria socialdemocracia – como uma força política viável, com eleitorado próprio e programa político distinto. A socialdemocracia compartilhou a mesma sorte do Estado de bem-estar social, mostrando-se tão desejosa de o jogar no lixo da história quanto os outros contendores do ringue político. Nesse processo, perdeu a razão de ser que a tinha transformado numa força política importante, sustentando-a por todo o século passado.

Jürgen Habermas conclui o seu estudo da "constelação pós-nacional" com as seguintes observações:

> Dentro da esfera nacional, a única em que podem operar atualmente, eles [os partidos políticos] têm de atingir uma arena de ação européia. E essa arena, por sua vez, tem de se abrir programaticamente com o duplo objetivo de criar uma Europa social que possa projetar o seu peso numa escala cosmopolita.[34]

Uma dessas observações transmite uma mensagem de crucial importância: sendo (tornando-se, ressurgindo como) uma versão ampliada do Estado de bem-estar social, a Europa tem chance de adquirir peso suficiente para se manifestar quando (se) for lançada a escalas "cosmopolitas" – presumivelmente por duas razões ao mesmo tempo. Sua natureza "social" proporcionaria à Europa, como um todo, o grau de coesão que fez dos Estados-nações unidades de luta tão eficazes e conseqüentes no passado, enquanto a competência coletiva dos europeus em planejar, construir e administrar um Estado social agora elevado ao nível de uma confederação de Estados seria a aptidão significativa, atraente e bem-vinda que poderia ampliar ainda mais o seu papel na arena "cosmopolita". Embora apenas de maneira oblíqua e um tanto perversa, os líderes políticos europeus admitem tudo isso quando insistem em que as pretensas "pessoas em busca de asilo" são de fato atraídas para a Europa principalmente pelas suas leis generosas e socialmente inclusivas.

Pode-se imaginar, porém, como esse feito poderia ser realizado, tendo em vista o estado lamentável e a imagem negativa do "Estado de bem-estar social" na própria Europa de hoje, e em particular a indisponibilidade de agências viáveis indispensáveis tanto para curar os males atuais dos Estados sociais europeus quanto para "apresentar" uma Europa "social" convalescente no palco planetário.

"Permitam-me declarar minha crença inabalável de que a única coisa que temos a temer é o próprio medo", afirmou Franklin Delano Roosevelt em seu Discurso Inaugural de 4 de março de 1933, o qual esboçava a visão do New Deal, a introdução de uma variedade americana de Estado social.

Com efeito, a grande promessa do Estado de bem-estar social, a que iria animar e orientar o próximo meio século de história, era *ficar livre do medo*. Os seres humanos são suficientemente poderosos para lidar com o que lhes causa dor e de silenciar o que os faz sofrer – com exceção do medo da dor e do sofrimento, e com exceção dos momentos em que esse medo se torna tão profundo que os deixa impotentes para a ação.

Em retrospecto, o episódio do Estado de bem-estar social pode ser mais bem interpretado como uma longa contra-ofensiva em relação ao medo que se abateu sobre americanos e europeus durante a "Grande Depressão", o qual desnudou a fragilidade dos alicerces sociais sobre os quais se assentava o bem-estar de todos os seres humanos – até mesmo dos mais afortunados. O despertar foi brutal, chocante e (ao menos para a geração que o vivenciou) inesquecível. Era necessário um esforço hercúleo para aplacar o medo que isso provocou. Incorporado no Estado de bem-estar social, o projeto de libertar-se do medo talvez tenha sido o empreendimento mais corajoso que a humanidade já levou a cabo, juntamente com a força de vontade que reuniu para levar o mesmo plano até as últimas conseqüências.

Na estrada que conduzia ao Estado de bem-estar social, venceram-se muitas batalhas contra o medo. A guerra, contudo, ainda não tinha terminado, e a vitória final não está mais à vista agora do que estava na época do Discurso Inaugural de Roosevelt. As armas de guerra que ele ou Beveridge sugeriram e colocaram em ação agora estão sendo depostas em massa e não mais se ajustam ao admirável mundo novo da mercantilização universal e do domínio do mercado global, mas o medo não parou de assombrar as noites e envenenar os dias. Tampouco desapareceu dos discursos políticos; na verdade, sua dimensão se elevou, tendo se transformado em inimigo público número um e alvo principal das cruzadas governamentais. "Libertar-se do medo" continua sendo, tal como antes, o item mais importante na lista de prioridades declaradas de qualquer governo, e uma promessa que deve ser feita – pelo menos da boca para fora – por todo político que aspire seriamente a uma cadeira no governo.

Os dias do Estado *social* podem estar chegando ao fim, mas os do Estado de *segurança* certamente não estão.

Mas a segurança não era a principal razão de ser do Estado social? Claro que era. Então, o que mudou? O *significado* da idéia de "segurança" se alterou, e em particular as causas oficialmente reconhecidas de sua obstinada *indefinição*. Como prescientemente observou Miguel de Cervantes meio milênio atrás (no capítulo 20 da primeira parte de *Dom Quixote*), "o medo tem muitos olhos e pode ver coisas ocultas". O medo pode ver o que os olhos não podem. E o que eles nunca veriam. Boas novas para o medo, más notícias para o medroso: os medos se alimentam e crescem por meio dos olhos – por meio do que os olhos vêem e, mais certamente ainda, do que eles não podem ver.

A segurança na qual nos preocupamos, da qual somos advertidos, encorajados e preparados para temer, enquanto os poderes constituídos nos prometem que será garantida, não é mais a que Roosevelt ou Beveridge tinham em mente. Não é a segurança de nosso lugar na sociedade, da dignidade pessoal, da honra pelo trabalho, do auto-respeito, da compreensão e do tratamento humanos, mas uma segurança do corpo e das posses pessoais. Não é a segurança em relação aos que nos recusam empregos ou negam nossa humanidade quando estamos empregados, que nos privam do auto-respeito, nos humilham e nos desonram – mas uma segurança em relação aos invasores de propriedades e aos estranhos à nossa porta, aos gatunos e mendigos nas ruas, aos molestadores sexuais em casa e fora dela, aos envenenadores de represas e aos seqüestradores de aviões. Os medos podem ter as mesmas raízes de antes – mas ao brotar podem ser, e são, transplantados para outros canteiros. Em sua nova localização, os implementos forjados pelo

Estado de bem-estar social são inúteis. São necessárias outras ferramentas. O que costumava ser a arma adequada para enfrentar o desemprego, a destituição na velhice, a exclusão e a degradação social está fora de sintonia com a luta contra os terroristas. Para cada medo, um tranqüilizante adequado.

Há mais uma característica – talvez a de mais graves conseqüências – que separa os medos contemporâneos daqueles que Roosevelt ou Beveridge tentaram exterminar. Aqueles eram pura e simplesmente calamidades, aflições inúteis, sofrimentos e tormentos demasiadamente concretos que se colocavam entre as pessoas e as suas chances de uma vida decente. Também era difícil equivocar-se quanto à sua localização. Como assinalou Ulrich Beck, é difícil enganar-se sobre as causas de dores como a fome, a doença ou a falta de perspectivas de vida, a miséria ou a destituição pois, "na experiência da carência material, a aflição concreta e a vivência subjetiva do sofrimento estão indissoluvelmente ligadas".[35] Não ocorre o mesmo ao que Beck chama de "riscos", as chances de que as calamidades atualmente visíveis pelas armas do governo venham a ocorrer. Os "riscos" são invisíveis – é preciso ser advertido sobre a sua existência para se ter medo deles, e as suas causas dificilmente são transparentes. Beck aponta que, por causa de sua invisibilidade, a própria existência dos riscos, e decerto a sua gravidade e intensidade, pode ser negada (como, por exemplo, no caso dos gases do efeito estufa ou do aquecimento global). Mas a invisibilidade dos novos riscos tem outra conseqüência muito mais seminal. É tão improvável imaginar a fome como negá-la – mas as ameaças à segurança podem ser imaginadas, e facilmente. Mais uma vez citando Beck,

> É possível fazer com mais facilidade *digressões interpretativas* de inseguranças e medos instilados do que em relação à fome e à pobreza. O que acontece aqui deve ser superado aqui, mas pode ser desviado nesta ou naquela direção e procurar e encontrar lugares, pessoas e objetos simbólicos para superar o medo. Na consciência dos riscos, portanto, o pensamento e a ação – ou o conflito social – *deslocados* são especialmente possíveis e muito procurados.

Em poucas palavras: os "riscos à segurança" podem ser encobertos ou negados – mas também se pode *inventá-los*. Quanto às razões de se temer pela segurança, estas podem ser mantidas em segredo ou afastadas racionalmente – mas também se pode fantasiá-las, exagerá-las ou inflá-las de modo totalmente desproporcional.

O formidável filósofo russo Mikhail Bakhtin assinalou que todos os poderes terrenos tendem a extrair veios de disciplina de seus súditos com a ajuda do "medo *oficial*": uma réplica artificial, feita sob medida, do "medo *cósmico*" – aquele terror natural e original experimentado pelos seres humanos, mortais, vulneráveis e impotentes, quando confrontados com uma Natureza inescrutável e todo-poderosa.[36] Se Bakhtin estava certo (e há, nos dias de hoje, muito a dizer em favor de suas propostas), então a *produção* do "medo oficial" é a chave para a efetividade do poder. O medo cósmico pode prescindir de mediadores humanos, mas o medo oficial, como todos os outros artifícios culturais, não consegue passar sem eles. O medo oficial só pode ser *inventado*. Os poderes terrenos não aparecem para resgatar os seres humanos já tomados pelo medo – embora façam o possível, e mais que isso, para convencer os seus súditos de que esse é, de fato, o caso. Os poderes terrenos, de modo muito semelhante às ofertas dos mercados de consumo, precisam criar sua própria "clientela", e assim a sua própria demanda. O "medo capital" precisa primeiro ser produzido pelo poder terreno para então se insinuar e ganhar a confiança de seus súditos sendo duro naquilo que estes temem. Para que o seu domínio se sustente, é preciso *tornar*, e *manter*, vulneráveis, inseguros e amedrontados os objetos humanos.

As conclusões de Bakhtin devem ter sido mais fáceis graças à evidência empírica que lhe era disponível no tempo e lugar em que escreveu. Stalin, então a cargo da terra natal de Bakhtin, demonstrou repetidamente o seu poder de desencadear expurgos e caçadas a bruxas – mas também a sua capacidade de interrompê-los ou suspendê-los de modo tão abrupto e inexplicável quanto o seu início. Não havia como prever quais seriam as próximas perseguições caracterizadas como casos de bruxaria. Os golpes eram desferidos de forma aleatória, e fazer acusações – para não mencionar o fornecimento de provas materiais de ligação com a variedade de bruxaria que estivesse sendo caçada no momento – constituía um luxo desaprovado (como a sabedoria popular soviética observava com perspicácia na história da lebre, explicando por que esta, uma lebre, corre em busca de abrigo quando ouve dizer que estão atrás de camelos: "Primeiro eles o matam, depois você tenta provar que não era um camelo..."). Quando *todos* estão *sempre* vulneráveis e inseguros em relação ao dia de amanhã, a sobrevivência e a segurança, e *não* uma catástrofe súbita, parecem ter um feito sobre-humano a exigir grande dose de previdência, sabedoria e poder de ação – tudo além da compreensão, dos recursos e das habilidades das pessoas comuns. Sob o governo de Stalin, a *contenção* dos golpes aleatoriamente distribuídos, *dispensando* uma pessoa dos campos da Sibéria ou dos pelotões de execução, é que parecia ser a prova de potência, sabedoria, cuidado paternal, benevolência e graça do poder supremo. Devia-se ter gratidão pelos favores recebidos. E se tinha.

A vulnerabilidade e a incerteza humanas são os alicerces de todo o poder político. Na variedade stalinista de poder totalitário, ou seja, na ausência da precariedade da condição humana produzida pelo mercado, essa vulnerabilidade e essa incerteza tinham de ser produzidas e reproduzidas pelas forças policiais sob o comando do poder político. Pode ter sido mais do que mera coincidência que o terror aleatório se tenha desencadeado sobre os russos em escala maciça ao mesmo tempo em que eram embrulhados os últimos restos do livre mercado na Rússia.

Numa sociedade moderna da variedade capitalista e regida pelo mercado, a vulnerabilidade, a incerteza e a insegurança da existência são asseguradas pela exposição das atividades da vida aos perigos e caprichos da competição de mercado. Quando exigem de seus indivíduos a disciplina e a observância à lei, os poderes políticos podem legitimar as suas exigências na promessa de reduzir o nível da vulnerabilidade e da incerteza reinantes, limitar os danos e prejuízos produzidos pelo livre jogo das forças do mercado, proteger os vulneráveis pelo menos dos mais devastadores entre os golpes que sofrem, ou podem sofrer, e garantir os inseguros dos riscos que toda a competição livre necessariamente lhes reserva.

Tal legitimidade, permitam-me repetir, encontrou sua derradeira expressão nas práticas do "Estado de bem-estar social" – com base no pressuposto de que a segurança de cada cidadão em relação aos golpes de seu destino individual é tarefa e responsabilidade de toda a comunidade de cidadãos. Essa fórmula de poder político, contudo, está atualmente regredindo. As instituições do Estado social são, uma a uma, desmanteladas ou defasadas, enquanto se removem uma a uma, as restrições anteriormente impostas às atividades empresariais e ao livre jogo da competição de mercado e suas conseqüências. As funções protetoras do Estado estão sendo esvaziadas para servir apenas a uma pequena minoria de pessoas inválidas e não empregáveis (e não são mais preventivas: só se põem em movimento quando o desastre já se abateu). Mesmo essa minoria tende a ser reclassificada, contudo, da esfera da assistência social para a da lei e a da ordem, já que a incapacidade de participar do jogo do mercado tende a ser cada vez mais criminalizada. O Estado lava as mãos quanto à vulnerabilidade e à incerteza produzidas pela lógica (ou falta de lógica) do livre mercado, agora reapresentadas como um problema privado, que os indivíduos devem tratar e enfrentar por conta própria e com recursos particulares.

O antipático efeito colateral dessa tendência é solapar os alicerces sobre os quais o poder do Estado se fundamentou por grande parte dos tempos modernos. O crescimento da apatia política, amplamente observado, a perda do interesse e do compromisso políticos ("não há mais salvação pela sociedade", como Peter Drucker observou numa frase célebre) e a redução maciça da participação popular na política institucionalizada testemunham o esfacelamento dos alicerces estabelecidos do poder de Estado. A mensagem mais comumente ouvida dos porta-vozes nomeados da "grande sociedade" é o apelo a ser "mais flexível". Nos dias de hoje, oferece-se a incerteza como cura para a insegurança...

Tendo rescindido ou reduzido enormemente a sua antiga interferência programática na insegurança produzida pelo mercado, os Estados contemporâneos devem procurar outra variedade, não econômica, de vulnerabilidade e incerteza em que possam basear a sua legitimidade. Agem como se tivessem optado por trocar a condição *de Estados sociais* pela de *Estados de segurança*. Trocaram a ansiedade alimentada pela progressiva desregulamentação das condições essenciais de vida, a privatização dos riscos e a retração do seguro comunal pelo problema da segurança pessoal: os medos provenientes das ameaças aos corpos, bens e habitats dos seres humanos e que emanam dos criminosos, da "subclasse", das "pessoas em busca de asilo" portadoras de doenças e prontas a se engajar no crime de rua e, mais recentemente, do terrorismo global ou das armas de destruição em massa, prontas a serem usadas nos próximos 45 minutos.

Diferentemente da insegurança nascida do mercado, que é no mínimo visível demais para passar despercebida, essa insegurança alternativa com que o Estado espera poder salvar as suas pretensões redentoras deve ser artificialmente estimulada, ou pelo menos altamente dramatizada e martelada de maneira insistente, repetida e monótona, para inspirar uma dose suficiente de "medo oficial" e ao mesmo tempo reduzir e empurrar para debaixo da mesa as preocupações da insegurança *economicamente* gerada sobre a qual a administração do Estado nada pode e/ou deseja fazer. Diferentemente das ameaças à subsistência e ao bem-estar geradas pelo mercado, que costumam ser representadas em tons pastéis, a extensão dos perigos à segurança pessoal deve ser pintada nas cores mais gritantes, de modo que a *não*-materialização das ameaças possa ser aplaudida como um evento extraordinário, resultado da vigilância, da atenção, das proezas e da boa vontade dos órgãos de Estado.

Quando lhes negam brutalmente o acesso às conexões de vôo, as empurram de um lado para outro nos saguões congestionados dos aeroportos, lhes recusam o direito à privacidade e as classificam como culpadas até prova em contrário, as infelizes vítimas de um "iminente ataque terrorista" aplaudem os guardas de segurança – em voz alta e com toda sinceridade. Quem mais se esforçaria tanto para dispersar os seus temores – estes de agora ou quaisquer outros? Quem mais garantiria que eles viajassem sãos e salvos de um lugar para outro?

Esse tipo de temor, juntamente com o mecanismo que o fabrica e utiliza, é produto do mundo hobbesiano. É também o principal fator responsável pela sua contínua ressurreição.

E assim está de volta a mesma questão: será que a Europa pode oferecer, ou ser, uma alternativa ao mundo hobbesiano da terra de fronteira planetária trazido à luz, servido e perpetuado pelo novo império?

Há alguns fenômenos distintamente, talvez até singularmente, europeus, alguns antigos, outros novos, que sugerem que a resposta é "sim" – embora as chances do outro lado sejam assustadoras. O cálculo da força relativa dos fatores pró e contra não pode ser antecipado mediante argumentação teórica. Em última instância, só pode ser decidido por meio de opções e decisões políticas.

Para começo de conversa, é improvável que o fantasma do Estado de bem-estar social seja exorcizado. Ele continuará assombrando os porões sombrios e os sótãos etéreos, assim como todos os andares interligados do lar que os europeus compartilham – e a fama que conseguiu obter mundialmente continuará cutucando a memória européia. O Estado social foi uma estufa da solução pacífica de conflitos. Ou, parafraseando ligeiramente os termos de Balibar, uma oficina em que se forjavam o abrandamento e a suavização do conflito por meio de sua "institucionalização". A construção e a manutenção do Estado de bem-estar social eram e continuam sendo uma lição da arte de "combinar os diferentes recursos para *institucionalizar conflitos*", ou seja, "dotar os interesses antagônicos de 'representação' formal dentro do Estado, em vez de suprimi-los e criminalizá-los".[37] Em lugar de repressão e exclusão, um esforço sustentado para "habilitar" as vítimas da injustiça por meio da provisão mais eqüitativa de (para usar o termo de Amartya Sen) "capacidades". Essa arte, praticada e cultivada por muitos anos na Europa, pode ser utilizada agora, quando se trata de suavizar e civilizar a terra de fronteira global – mesmo que isso possa exigir mais, muito mais, do que simplesmente ampliar as ferramentas testadas com sucesso no âmbito do Estado-nação para torná-las efetivas em escala planetária.

Há outra herança preciosa que a Europa pode levar para o iminente "processo civilizador" da terra de fronteira planetária. Balibar toma emprestada de Umberto Eco a idéia do "idioma europeu" formado na "prática da tradução".[38] Por muitos séculos, a Europa foi uma totalidade compósita, colocando diariamente muitas línguas e elementos culturais em contato e comunicação. Poderíamos dizer que a Europa era, por esse motivo, um solo natural para o florescimento da hermenêutica, a arte da interpretação e da compreensão. A Europa foi e continua sendo o lar da eterna tradução. Nesse processo, ela aprendeu a estabelecer um diálogo proveitoso e efetivo entre idiomas culturais e lingüísticos sem anular a identidade de nenhum dos participantes. Ela aprendeu (para citar a expressão de Franz Rosenzweig) a tratar os participantes da conversa como donos de línguas, além de ouvidos; como falantes, não apenas ouvintes. Balibar sugere que essa habilidade prática, baseada na tradição de falar/ouvir, ensinar/aprender, entender e se fazer entender (em suma, de traduzir) "também poderia ser ampliada estendendo-se a idéia de 'tradução' do nível puramente lingüístico para o nível *cultural* mais amplo". A Europa ainda pode desempenhar um papel crucial na concepção, nascimento e amadurecimento de uma comunidade planetária em sua capacidade de "intérprete do mundo".

Balibar chama esse papel de "mediador evanescente" (como o desempenhado, segundo Max Weber, pela "ética protestante" na emergência da moderna racionalidade capitalista): o sucesso do papel seria avaliado por uma Europa desempenhando a sua tarefa enquanto a progressiva "institucionalização do conflito" e o diálogo perpétuo abrem caminho para os recursos de uma terra de fronteira e substituem o mundo hobbesiano atual por uma constituição política [polity] kantiana que abrace toda a humanidade.

Permitam-me comentar que o padrão do "mediador evanescente" parece ajustar-se muito melhor ao império fantasma que se imagina ser atualmente governado pela superpotência americana. É esse credo irracional que, a longo prazo, pode muito bem provar ter desempenhado a função de "parteira" responsável pelo nascimento de forças capazes de, e/ou que "não têm escolha senão...", realizar uma "europeização do globo" – moldando os contornos da constituição política [polity] planetária do futuro.

As atuais condições de terra de fronteira galvanizadas pelo império fantasma podem muito bem entrar para a história como as circunstâncias que efetivamente salvaram o "idioma europeu" do desaparecimento.

• 3 •

# Do Estado social para o Estado de segurança

A fera sem nome do conto "A toca" de Franz Kafka se gaba de que "a verdadeira entrada" da cova que vem cavando há muito tempo, e ainda está cavando, "é coberta por uma camada de musgo removível", e portanto "tão segura quanto pode ser alguma coisa neste mundo". E no entanto, queixa-se, "alguém poderia pisar no musgo ou rompê-lo, e então a minha toca ficaria aberta, e qualquer um que quisesse ... poderia entrar e destruir tudo para sempre".[1]

"Alguém"... qualquer um, de fato – e não há ninguém fora da toca em quem realmente se possa confiar. É comparativamente fácil confiar em alguém que você supervisione, e é possível até confiar em alguém a distância, "mas confiar plenamente em alguém fora da toca quando se está dentro, ou seja, num mundo diferente, isso me parece impossível". Para piorar as coisas, "também há inimigos nas entranhas da terra. Nunca os vi, mas as lendas falam sobre eles, e eu acredito firmemente que existam." Por causa desses inimigos invisíveis, "não vale a pena consolar-se pensando que se está em casa – é mais fácil você estar na deles". No fim, quando se trata de segurança, o lado de dentro da toca não é muito melhor que o de fora, e não é possível traçar uma linha clara entre ambos, independentemente do esforço...

"A questão", pondera o escavador, é que "na verdade a toca proporciona um grau de segurança considerável, mas de modo algum suficiente, pois quem está livre das ansiedades dentro dela?" "Minha preocupação constante com medidas defensivas envolve a alteração e a modificação freqüentes." Minha segurança jamais será total, a toca nunca estará terminada, o trabalho nunca vai acabar. Só as constantes alterações e modificações é que aplacam o medo – enquanto as realizo. É na agitação e comoção da eterna fuga para a segurança, no constante cavar e encobrir vestígios que se pode buscá-la (se não em relação ao inimigo, pelo menos no que diz respeito à ansiedade que ele causa): "manter o ouvido grudado na parede e a cada alusão de ruído arrancar um punhado de terra, sem esperar realmente encontrar alguma coisa, apenas para fazer algo que possa expressar a agitação interior". A ansiedade perturba a vida, mas esta se transforma gradualmente numa série de perturbações. Interromper a série rompe com a vida como aprendemos a vivê-la e reconhecê-la como vida. Vida é ansiedade, ansiedade é vida. "Provavelmente não há nada que eu queira mais do que começar a cavar com obstinação e confiança, simplesmente por cavar, num lugar ou em outro, tendo ouvido ou não alguma coisa."

A história é contada pelo animal ao se aproximar o fim de sua vida de luta contra a ansiedade, cavando a toca. Com o cansaço da vida vem a sabedoria que esta proporciona. As criaturas velhas são dadas a reminiscências, retrospecção, reflexão – ainda mais por causa da força que se esvai: quanto mais fracas as mãos, mais longos os momentos vazios que os pensamentos podem e precisam preencher. Os pensamentos absolvem as mãos envelhecidas do pecado da preguiça – é por isso que as velhas criaturas são muitas vezes consideradas cínicas e sagazes. O cavador de toca de Kafka resiste ao impulso de abrir outros fossos: "Este fosso me trará a certeza, é o que você diz? Cheguei ao estágio em que não desejo mais ter certeza." A vida sem incerteza – como seria? Ainda seria vida? Será que não é exatamente o medo que faz a vida valer a pena? Depois de ter lutado a vida toda pela segurança, a perspectiva de alcançá-la e não precisar mais lutar por ela é aterradora. Ao fim de uma vida preenchida pelo medo, o medo que mais apavora é a ausência de medo.

Pode-se ouvir um suspiro de alívio na frase "Mas tudo permaneceu inalterado" com que o herói de "A toca" termina as suas confissões – tendo concluído primeiro que, apesar da sua agitação febril, nunca saberia se o inimigo encontrou ou não o seu abrigo e quais poderiam ser as intenções dele. O significado da vida não sobreviveria à extinção do medo. A segurança pareceria o toque fúnebre de uma vida significativa e deixaria a nu o absurdo dessa existência...

Nós, seres humanos, somos procuradores inveterados de significados. Pode-se chegar até a considerar a pergunta "por que motivo?" como o traço definidor da humanidade. Já que a luta contra o medo se transforma no sinônimo de uma vida significativa, tendemos a nos tornar dependentes desse sentimento – somos viciados em medo. Precisamos de uma dose diária – e, como em todo vício digno do nome, cada dia precisamos de uma dose maior. O que mais tememos é uma overdose, pois tememos o fim do temor que ela representa. Derrida provavelmente incluiria o medo entre os principais espécimes de *pharmacon*, a "droga" – aquele remédio e veneno embrulhados num só, remédio quando administrado regularmente e na quantidade certa, veneno se exagerado, com a linha que separa a dose certa da errada revelando-se evasiva e impossível de determinar com precisão, muito menos de se manter no lugar.

Não admira que o medo venda, e venda bem. Um recente anúncio de jornal de uma empresa gigante na área de TV por satélite estimula os leitores a ligarem o aparelho: "E se você pegasse um vírus mortal tocando em alguma coisa? Como um jornal..." Os viciados em medo precisam de mais, sempre mais, e a demanda por medos novos e aperfeiçoados não parece que jamais vá definhar, muito menos se extinguir – ainda que a indústria do medo, como todas as indústrias orientadas para o consumidor, compense as suas falhas de informação e cerque as suas apostas com excesso, e assim tenda a passar dos limites atirando sobre o alvo repetidas vezes.

No medo, a indústria de consumo encontrou a mina de ouro sem fim e auto-renovável que há muito procurava. Para a indústria do consumo, o medo é, plena e verdadeiramente, um "recurso renovável". O medo se tornou o moto perpétuo do mercado de consumo – e portanto da economia atual.

Foi principalmente na Europa e em suas crias, ramos e depósitos sedimentares que o vício do medo e a obsessão com a segurança fizeram a carreira mais espetacular nos últimos anos.

Em si, isso parece um mistério. Afinal, como aponta Robert Castel em sua incisiva análise das atuais ansiedades alimentadas pelo medo, "nós – ao menos nos países desenvolvidos – vivemos sem dúvida nas sociedades mais seguras [*sûres*] que já existiram".[2] E no entanto, contrariando as "evidências objetivas", somos nós, bajulados e mimados, entre todos os povos, que nos sentimos mais ameaçados, inseguros e aterrorizados, mais inclinados ao pânico e mais apaixonados por tudo que se relacione com segurança e proteção do que todas as pessoas da maioria das outras sociedades de que se tem registro.

Sigmund Freud enfrentou francamente o quebra-cabeça e sugeriu que sua solução poderia ser encontrada no sólido desafio da psique humana à pura "lógica dos fatos". O sofrimento humano (e assim também o medo do sofrimento, e o medo como o mais irritante e exasperante espécime de sofrimento) emerge do "poder superior da natureza, da fragilidade de nossos corpos e da inadequação das regras que governam as relações mútuas dos seres humanos na família, no Estado e na sociedade".[3]

Quanto às duas primeiras causas apontadas por Freud, de uma forma ou de outra conseguimos conciliar-nos com os limites extremos do que podemos fazer: sabemos que nunca dominaremos plenamente a natureza e que não podemos fazer com que os nossos corpos mortais se tornem imortais ou imunes ao implacável fluxo do tempo – e assim estamos prontos a aceitar o "segundo melhor". Essa noção, contudo, não é depressiva nem incapacitante, mas sim estimulante e energizante: se não podemos eliminar todo o sofrimento, podemos eliminar alguns tipos e aliviar outros – é algo que vale a pena tentar, muitas e muitas vezes.

É totalmente diferente, porém, quando se trata do terceiro tipo de sofrimento: a miséria com origem *social*. Qualquer coisa feita por pessoas pode ser refeita por pessoas. Não aceitamos nenhum limite a esse refazer – de qualquer forma, nenhum limite que, com a devida determinação e boa vontade, não pudesse ser superado pelo esforço humano: "não conseguimos perceber por que as regras que nós mesmos estabelecemos não devam ser ... uma proteção e um benefício para cada um de nós". Se a "proteção realmente disponível" e os benefícios que usufruímos não atingem o nível ideal, se os relacionamentos ainda não são do nosso agrado, se as regras não são o que deviam (e, acreditamos, poderiam) ser, tendemos a suspeitar de maquinações hostis, complôs, conspiração de um inimigo à nossa porta ou sob a cama. Malevolência, em suma – e um culpado, um crime ou intenção criminosa.

Castel chega a uma conclusão semelhante quando sugere que a insegurança moderna não deriva de uma carência de proteção, mas da "falta de clareza de seu escopo" (*ombre portée*) num universo social que "foi organizado em torno de uma interminável procura de proteção e de uma frenética busca por segurança".[4] A experiência pungente e incurável da insegurança é um efeito colateral da convicção de que, dadas as habilidades e o esforço adequados, é possível alcançar a segurança plena (isso pode ser feito, podemos fazê-lo) – e se vier à luz que isso não foi feito, a falha só poderá ser explicada por um ato iníquo e uma intenção criminosa. Deve haver um vilão nessa peça.

Podemos dizer que a variedade moderna de insegurança é marcada distintivamente pelo medo da malevolência e dos malfeitores. É disparada pela suspeita em relação aos outros e suas intenções, e pela recusa da confiança, ou a impossibilidade de confiar, na constância e fidedignidade do companheirismo. Castel coloca na individualização moderna a culpa por esse estado de coisas. Sugere que a sociedade moderna, tendo afastado as comunidades e corporações intimamente unidas que antes definiam as regras de proteção e monitoravam a sua aplicação, substituindo-as pelo dever individual da auto-proteção e da auto-ajuda, foi construída sobre a areia movediça da contingência – numa sociedade assim, a insegurança e o medo do perigo difuso são endêmicos.

Como em todas as outras transformações modernas, a Europa desempenhou nisso o papel pioneiro. Foi também quem primeiro confrontou as conseqüências imprevistas e, como regra, perniciosas da mudança. Esse enervante senso de insegurança não brotaria não fosse pela simultânea ocorrência de dois desvios que tiveram lugar na Europa, que depois se espalharam, em diferentes velocidades, para outras partes do planeta. O primeiro foi, segundo a terminologia de Castel, a "supervalorização" (*survalorisation*) do indivíduo libertado das restrições impostas por uma densa rede de vínculos sociais.[5] Mas o segundo desvio chegou logo atrás: uma inédita fragilidade e vulnerabilidade do indivíduo despido da proteção oferecida no passado, e de maneira trivial, pela densa rede de vínculos sociais.

O primeiro desvio se expôs na frente dos seres humanos como indivíduos, oferecendo áreas estimulantes e sedutoramente amplas para praticar a auto-estruturação e o automelhoramento. Mas o segundo desvio barrou a entrada da maioria dos indivíduos. O resultado combinado de ambos foi o sal da culpa esfregado sem parar na ferida permanentemente inflamada da impotência. O nome da doença resultante era o medo da inadequação.

Desde o início, o Estado moderno confrontou-se com a desestimulante tarefa de gerenciar o medo. Teve de tornar a tecer a rede de proteção que a revolução moderna destruiu, e continuar a consertá-la enquanto a modernização por ele promovida continuava a deformá-la e desgastá-la. Diferentemente de uma visão generalizada, era a *proteção* (o seguro coletivo contra o infortúnio individual), mais do que a *redistribuição de riqueza*, que estava no coração do "Estado de bem-estar social" a que o desenvolvimento do Estado moderno inexoravelmente conduziu. Para pessoas privadas de capital econômico, cultural ou social (de todos os ativos, menos a capacidade de trabalho), "a proteção é coletiva ou absolutamente não é".[6]

Diferentemente das redes de proteção do passado pré-moderno, as redes de proteção concebidas e administradas pelo Estado foram construídas deliberadamente e projetadas ou desenvolvidas por impulso próprio a partir de outras obras de natureza trabalhista, característica da modernidade em sua fase "sólida". As instituições e medidas de bem-estar social (por vezes chamadas de "salários sociais"), os serviços de saúde, escolas e habitações administrados ou auxiliados pelo Estado, e os decretos trabalhistas explicitando os direitos e as obrigações de ambos os lados dos contratos de trabalho, bem como protegendo o bem-estar e os direitos dos empregados, constituem exemplos da primeira categoria.

O exemplo mais importante da segunda categoria foi a solidariedade do pátio da fábrica, do sindicato e ocupacional, que fincou raízes e floresceu "naturalmente" no ambiente relativamente estável da "fábrica fordista", o epítome do ambiente sólido-moderno em que se fixava a maioria dos "carentes de outro capital". Os envolvimentos entre os lados opostos das relações capital-trabalho eram mútuos e contínuos nesse tipo de fábrica, tornando os dois lados mutuamente independentes, mas ao mesmo tempo habilitando-os a pensar e planejar no longo prazo, comprometer-se com o futuro e investir nele. A "fábrica fordista" era, por esse motivo, um lugar de conflito amargo, por vezes fervilhante, mas sempre efervescente (o envolvimento a longo prazo e a dependência recíproca de todos os lados faziam do confronto um investimento razoável e um sacrifício compensador) – mas também era um abrigo seguro para a confiança e, portanto, para a negociação, o compromisso e a busca de um modo de coabitação consensual. Com suas linhas de carreira claramente definidas, as suas rotinas de trabalho cansativas, mas tranqüilizadoramente estáveis, o ritmo lento das mudanças na composição das equipes de trabalho, a permanente utilidade das habilidades adquiridas e os altos valores conseqüentemente atribuídos à experiência de trabalho acumulada, os riscos do mercado de trabalho podiam ser mantidos a distância, a incerteza podia ser subjugada, senão inteiramente eliminada, e os medos podiam ser reservados ao domínio marginal dos "golpes da sorte" e "acidentes fatais", em vez de saturarem o curso da vida diária. Acima de tudo, os muitos que careciam de qualquer capital além de seu trabalho podiam contar com a coletividade. A solidariedade transformou a capacidade de trabalho num capital substituto – e num tipo de capital que, ao que se esperava, e não sem razão, iria contrabalançar o poder combinado de todos os outros.

Os medos modernos nasceram durante o primeiro turno da desregulamentação-com-individualização, no momento em que os vínculos de parentesco e vizinhança entre as pessoas, aparentemente eternos ou pelo menos presentes desde tempos imemoriais, estreitamente firmados em laços comunitários ou corporativos, eram afrouxados ou rompidos. O gerenciamento do tipo de medo sólido-moderno tendeu a substituir os vínculos "naturais" irreparavelmente danificados por seus equivalentes artificiais na forma de associações, sindicatos e coletivos de tempo parcial ou quase permanentes, unificados pelas rotinas diárias comuns. A solidariedade destronou o pertencimento como principal escudo contra um destino cada vez mais perigoso.

A dissipação da solidariedade significou o fim do gerenciamento do medo ao estilo sólido-moderno. Chegava agora a vez de as proteções modernas, artificiais, administradas, serem afrouxadas, desmanteladas ou rompidas de alguma outra forma. A Europa, a primeira a passar pelo recondicionamento moderno e por todo o espectro de suas seqüelas, agora está passando pela "desregulamentação-com-individualização grau dois" – desta vez, porém, não por sua escolha, mas sucumbindo à pressão de forças globais que não mais controla nem espera fiscalizar.

Paradoxalmente, quanto mais se trata localmente das proteções "do berço ao túmulo" que agora estão sob ataque em toda parte, mais atraentes se tornam os escoadouros xenofóbicos para os sentimentos coletivos de perigo iminente. Os poucos países (na maioria escandinavos) que ainda relutam em abandonar as proteções institucionalizadas herdadas dos tempos sólido-modernos, enfrentando as múltiplas pressões para reduzi-las ou eliminá-las de vez, vêem-se como fortalezas cercadas por forças inimigas. Consideram os remanescentes do Estado social um privilégio que deve ser defendido com unhas e dentes dos estrangeiros ávidos por espoliá-los ou até diluí-los e enfraquecê-los. A xenofobia, a crescente suspeita de um complô estrangeiro e o ressentimento em relação aos "de fora" (principalmente os migrantes, essas lembranças vívidas e altamente visíveis de que muralhas podem ser perfuradas e fronteiras abolidas – efígies naturais, prontas a serem queimadas, das misteriosas forças globalizantes que se tornam descontroladas) podem ser vistos como um reflexo perverso das desesperadas tentativas de preservar o que possa ter restado da solidariedade local.

Quando a competição substitui a solidariedade, os indivíduos se vêem abandonados à própria sorte, restando-lhes apenas os seus parcos recursos, evidentemente inadequados. A dilapidação e decomposição dos vínculos coletivos os transformaram, sem o seu consentimento, em indivíduos *de jure* – mas circunstâncias poderosas e insuperáveis militam contra a sua ascensão ao modelo postulado dos indivíduos *de facto*.[7] Se, nas condições sólido-modernas, o infortúnio individual mais temido era não conseguir ajustar-se, agora – na aurora da guinada líquido-moderna – o espectro mais atemorizante é a inadequação. É um temor bem-fundado, com certeza, considerando-se a brecha cada vez maior que separa a quantidade e a qualidade dos recursos exigidos pela produção efetiva de uma segurança do tipo faça-você-mesmo, mas ainda assim confiável e fidedigna, da soma total de matérias-primas, ferramentas e habilidades que a maioria dos indivíduos pode ter uma esperança razoável de adquirir e manter.

Robert Castel também assinala o retorno das *classes perigosas*.[8] Permitam-me observar, porém, que a semelhança entre a sua primeira e a sua segunda forma é, na melhor das hipóteses, parcial.

As "classes perigosas" originais eram constituídas do excedente populacional, temporariamente excluído e ainda não reintegrado, a que o progresso econômico em processo de aceleração privava de uma "função útil", enquanto a progressiva pulverização das redes de vínculos os destituía de proteção. As novas "classes perigosas", por outro lado, são aquelas reconhecidas como inadequadas para a reintegração e declaradas inassimiláveis, já que não é possível conceber uma função útil que elas pudessem desempenhar após a "reabilitação". Não são apenas excessivas, mas *redundantes*. São excluídas *permanentemente* – um dos poucos casos de "permanência" que a modernidade líquida não só permite como promove ativamente. Em vez de ser percebida como o resultado de um surto momentâneo e remediável de má sorte, a exclusão de hoje transpira um ar de finalidade. Cada vez mais, a exclusão atual tende a ser uma via de mão única. As pontes queimadas, provavelmente, jamais serão reconstruídas. A irrevogabilidade de sua expulsão e a exigüidade de suas chances de apelar do veredicto é que transformam os excluídos contemporâneos em "classes perigosas".

A irrevogabilidade da exclusão é conseqüência direta, embora imprevista, da decomposição do Estado social – como uma rede de instituições estabelecidas, porém, talvez de forma mais significativa, como um ideal e um projeto. O definhamento, o declínio e a ruptura deste último pressagiam, afinal, o desaparecimento das oportunidades de redenção e a eliminação do direito de apelar, e assim a gradual dissipação da esperança e o enfraquecimento do desejo de resistir. Em vez de uma condição de "des-emprego" (termo que implica um afastamento da norma, uma aflição temporária que pode e deve ser curada), não ter um emprego é cada vez mais percebido como um estado de "redundância" – ser rejeitado, rotulado como supérfluo, inútil, não empregável e destinado a permanecer "economicamente inativo". Não ter um emprego implica ser descartável, talvez até já ter sido excluído para sempre – destinado ao lixo do "progresso econômico", aquela mudança que no final se resume em fazer o mesmo trabalho e atingir os mesmos resultados econômicos, porém com uma força de trabalho reduzida e com menor "custo de mão-de-obra" do que antes.

Só uma linha tênue separa hoje em dia os desempregados, e especialmente os desempregados a longo prazo, de uma queda no buraco negro da "subclasse": homens e mulheres que não se ajustam a nenhum tipo de divisão social legítima, indivíduos deixados de fora das classes e que não exercem nenhuma das funções reconhecidas, aprovadas e úteis que os membros "normais" da sociedade desempenham – pessoas que nada acrescentam à vida da sociedade, exceto aquilo de que ela não precisa para passar muito bem e cuja eliminação lhe seria proveitosa. Igualmente tênue é a linha que separa os "redundantes" dos criminosos: "subclasse" e criminosos são apenas duas subcategorias de "elementos antissociais", diferindo entre si mais pela classificação oficial e pelo tratamento que recebem do que por sua postura e conduta. Tal como as pessoas sem emprego, os criminosos (ou seja, os confinados à prisão, acusados ou sob vigilância policial, ou simplesmente constantes dos registros da polícia) não são mais vistos como temporariamente afastados da vida social normal e destinados a serem "reeducados", "reabilitados" e, na primeira oportunidade, "reconduzidos à comunidade" – mas como permanentemente marginalizados, inadequados para a "reciclagem social" e destinados a serem mantidos afastados, longe da comunidade das pessoas respeitadoras da lei.

Não se dispõe mais de escoadouros para o despejo das "pessoas redundantes". Durante séculos, a Europa em processo de modernização costumava despejar no ultramar o excedente populacional tornado supérfluo pelo progresso tecnológico e econômico doméstico – buscando e encontrando soluções "globais" para problemas sociais gerados localmente. Hoje em dia, porém, enquanto a produção de "lixo humano" prossegue inabalada nos países desenvolvidos da Europa e no resto do mundo ocidental, a indústria de remoção do lixo, outra invenção moderna, atravessa uma crise profunda: os aterros sanitários afastados de casa se tornaram escassos e estão encolhendo rapidamente. Lugares considerados vazios ou sub-habitados agora começaram a produzir os seus próprios excedentes populacionais. Intermitentemente, vestem os seus jovens redundantes em uniformes de soldados com a ordem de forçarem os povos vizinhos a recuarem a fim de obter mais espaço para si mesmos, enquanto outros jovens permanecem em trajes civis e são enviados a países estrangeiros com a orientação de sustentar as famílias que deixaram atrás de si com o dinheiro que deverão ganhar lá fora, mas que não ganhariam se ficassem em casa. Por falta de alternativa, a "subclasse" e a indústria da prisão e detenção, em processo de rápido crescimento, devem absorver o "lixo humano" produzido localmente que as terras do ultramar, agora não mais os sítios da colonização européia, não continuarão absorvendo; e os fundos de assistência social, difundidos de modo cada vez mais tênue, correm perigo de serem ainda mais diluídos pelas vítimas da decolagem do progresso econômico em outros continentes – que as autoridades de origem não têm permissão nem estão dispostas a retirar da miséria.

Pressionadas/forçadas como continuamente são – pelas forças conjuntas dos bancos e das corporações comerciais globais, apoiadas pelo Fundo Monetário Internacional e às vezes auxiliadas por forças militares expedicionárias equipadas para a "mudança de regime" – a abrir as suas fronteiras aos mercados mundiais e a abandonar qualquer esperança de fazer frente aos acionistas estrangeiros denominados "livre concorrência", as antigas colônias não estão em condição de adotar a estratégia escolhida no passado pelos pioneiros da modernização, notadamente a Europa: a estratégia que acabou conduzindo à emergência do Estado de bem-estar social. Os mercados, diz Benjamin R. Barber, "podem sangrar através das fronteiras nacionais porosas, não sendo mais restringidos pela lógica da soberania do que a Sars, o crime ou o terrorismo".[9] A privatização de ativos nacionais (ou dos ativos que poderiam transformar-se em riqueza nacional, caso não tivessem sido arrematados pelo lance mais elevado ou mais formidável antes de terem tido a chance de fazê-lo), que o FMI e o Banco Mundial transformaram na condição para qualquer ajuda financeira e o Pentágono em condição de imunidade em relação à "mudança de regime", evidentemente não ajuda a "privilegiar o poder da vontade comum e do bem público sobre a anarquia do poder privado". Ao contrário, ela "celebra o poder privado desembaraçado de leis, regras ou governo" e, portanto, "modifica a lógica tradicional de pensamento com base no contrato social sobre a qual se fundaram os Estados Unidos" e que até recentemente a Europa seguiu, ainda que aos trancos e barrancos, por toda a sua história moderna.

A chance de descarregar em partes distantes do globo o excedente populacional produzido localmente, algo que ofereceu uma válvula de escape à Europa em modernização enquanto a economia moderna continuava sendo um privilégio europeu por excelência, não está disponível para as terras atualmente arrastadas pelo moinho modernizador. Países que costumavam exportar os seus grandes excedentes de mão-de-obra agora não abririam as portas à sua importação. Ainda precisam do influxo de mão-de-obra barata para fazer o trabalho sujo, mal-remunerado e opressivo em certos ramos da economia, como construção, abastecimento, transportes públicos ou hotelaria, de modo que as portas não podem ser totalmente fechadas, mas a entrada é estritamente controlada. Quando David Blunkett, secretário do Interior britânico, declara (não sem ter sido muito pressionado por industriais sedentos de mão-de-obra barata, obediente e "flexível") que "precisamos de migração econômica legal e controlada", ele imediatamente acrescenta: do tipo exigido pela nossa economia.[10] E para não deixar dúvida de que não há motivos humanitários envolvidos, de que nenhum dos "direitos humanos universais" figura no tratamento dos deserdados, e de que as "exigências da nossa economia" são e continuarão sendo o único aspecto considerado, ele corre a anunciar que os benefícios do Estado de bem-estar social não estarão disponíveis aos novos imigrantes e que o número de refugiados vai cair ainda mais, graças ao tratamento mais rigoroso aplicado às indesejadas e rejeitadas pessoas em busca de asilo – tais como campos de detenção e transporte forçado para os países de origem ou para campos de refugiados em outros países.

Alain Morice resume as mudanças mais recentes na política européia em relação aos refugiados provenientes do Sul empobrecido e conflituoso – exemplificadas na aprovação pelo parlamento holandês da decisão de deportar 26 mil pessoas em busca de asilo oriundas de países como Chechênia, Afeganistão ou Somália – como "a morte e o enterro do direito de asilo" (aprovado e quase universalmente endossado em 1951).[11] Há um total e coordenado recuo em relação à promessa de que as pessoas cujas vidas estão em perigo terão garantida a segurança com base no direito à vida. A diferença entre o tratamento aprovado para pessoas em busca de asilo e o que é imposto aos "meros migrantes econômicos" foi praticamente eliminada. A tendência hoje em dia é pagar países escolhidos do Terceiro Mundo, localizados em outros continentes, para que estabeleçam campos em que as potenciais pessoas em busca de asilo sejam detidas antes de atingirem o destino europeu (como continuam fazendo, contra todas as probabilidades: nos últimos dez anos, mais de quatro mil morreram nesse processo, afogadas depois de viajarem – a preços exorbitantes – em navios sem condições de navegar, ou sufocadas em caminhões lacrados ou em compartimentos localizados em fundos falsos). A medida de confinar as pessoas em busca de refúgio em campos cuidadosamente distantes de qualquer lugar em que elas possam começar uma nova vida foi liderada pelo governo da Grã-Bretanha, que atribui a esses campos o nome enganoso e talvez fraudulento de "centros de processamento de trânsito", mas a idéia capturou rapidamente a imaginação de outros governos europeus. Ela se segue à declaração pública de Ruud Luubers, alto comissário das Nações Unidas para Refugiados, em novembro de 2003, de que, em vez de proteger indivíduos e grupos em perigo e ajudá-los a se estabelecer em novas paragens, sua missão e preocupação principais eram agora facilitar os esforços dos governos europeus para "deslocar" os potenciais refugiados, deportá-los ou evitar o seu ingresso na Europa.

Podemos dizer que o novo império planetário, governado e administrado pelo capital e pelo comércio globais, lança diariamente "ataques preventivos" contra qualquer surto de "pensamento com base no contrato social" que possa surgir no mundo pós-colonial. O lado irônico da privatização por atacado dos lucros e ativos é a necessidade de afugentar qualquer resistência possível à precarização compulsória do destino individual. Em última análise, a política perseguida pelas instituições internacionais de livre comércio evita o estabelecimento de uma esfera pública em que as escolhas individuais possam solidificar-se em escolhas públicas, a cidadania e os governos democráticos possam fincar raízes, e os princípios e instituições de proteção coletiva contra os riscos sofridos individualmente possam ser negociados para se transformarem em práticas políticas.

Em suma, os feitos do império planetário desmentem as suas palavras. Eles solapam, talvez a ponto de eliminá-las, as mesmíssimas chances da democracia, em nome das quais, aparentemente, o braço econômico do império saqueia as terras virgens remanescentes do planeta, enquanto o braço militar policia as terras em que se possa suspeitar da existência de focos de resistência à exploração predatória dos recursos locais. Os dois braços colaboram para assegurar que o "Estado social" não seja uma opção. Mas, se o Estado social não é opção, qual a alternativa?

Em vez de lançar as sementes da democracia, os dois braços imperiais se ocupam em plantar governos ditatoriais e corruptos, porém maleáveis, ao mesmo tempo em que subjugam pela fome, incapacitam e erradicam todos os outros. O planeta está hoje salpicado de feudos controlados por déspotas, propriedades de poderosos e "não-Estados". Nesses lugares, o poder do governante se concentra em desviar para cofres privados os ativos que tenham sido poupados pelos predadores globais e ainda não destruídos pelas guerras domésticas. Para os governados, essa situação é o prenúncio da inabilitação, da pobreza material e da falta de esperança de melhora. Também significa a miséria quotidiana de uma existência arriscada e precária e do medo eterno – uma vida frágil que pode ser negada ou invalidada a qualquer momento. Para os mais jovens com a perspectiva de uma vida sem perspectivas, alistar-se a serviço de um ou outro déspota, juntar-se a uma das gangues armadas em competição ou ingressar num campo de treinamento militar (terrorista) improvisado são as únicas chances realistas de se ter uma "carreira", e na verdade uma vida – ou morte pelo menos – dotada de significado.

Em outros lugares, as comunidades religiosas entram em cena para substituir o natimorto ou abortado Estado social. Oferecem proteção e solidariedade – as promessas mais atraentes. Embora diferentemente do Estado de bem-estar social, apresentam o pertencimento, a uniformidade e a conformidade como principais garantias de segurança. Fornecem uma "segurança no atacado", do tipo multidão ou enxame, em vez da rede de proteção com que os planejadores do Estado social e das instituições de bem-estar esperavam estimular a autonomia de movimentos, a liberdade individual de avaliação e ação, e a coragem de assumir riscos. Evidentemente, ainda é muito cedo para dizer se o atual fundamentalismo religioso, que ganha atratividade e influência na ausência das outras proteções, seculares, contra os riscos da vida no cassino global, será visto em retrospecto como uma estufa de filosofias e estratégias existenciais individualistas semelhantes àquelas que o Estado social europeu ajudou a promover. (O fundamentalismo puritano não demonstrou ser, como Max Weber reconhecidamente apontou mas os profetas puritanos não poderiam prever, uma abertura para a moderna racionalidade egocêntrica e egoísta do capitalismo?) A curto prazo, porém, o atual fundamentalismo religioso, agindo contra a poderosa maré do individualismo promovido pelo mercado, tende mais a anunciar um período de dogmas ossificantes, antagonismos doutrinais cada vez mais profundos, visões de mundo maniqueístas e guerras religiosas.

No momento, os resultados gerais do desmonte das redes tradicionais de proteção, assim como de se evitar o planejamento e a construção de seus substitutos, é a crescente insegurança do planeta – de todo o planeta, com certeza, em razão da íntima interdependência de todas as partes do globo e de seus habitantes.

A combinação do pleno emprego, seja este realmente existente ou desejado e planejado, com uma densa rede de proteções administradas pelo Estado contra as incertezas do destino individual durante os "gloriosos 30" anos do pós-guerra na Europa resultou num sentimento generalizado de estabilidade social e segurança individual. As bases de tal sentimento, e assim também da confiança num futuro seguro (evitando, evidentemente, um holocausto nuclear), eram, como Philippe Robert recentemente apontou, um "bloqueador da insegurança" ("*bloqueur d'insécurité*"),[12] com acesso coletivamente garantido a quase todas as amenidades essenciais – acomodação, meios de transporte, serviços de saúde e escolaridade – coincidindo com o advento do consumo de massa. É claro que seria possível argumentar que o preço dessa segurança estava longe de ser módico: o trabalho era rotinizado e, no geral, monótono e desestimulante, os salários eram mantidos num nível baixo e só subiam lentamente – mas "era possível alugar uma moradia, casar-se, comprar um veículo a crédito" e, sob outros aspectos, planejar a vida "a longo prazo" sem medo de uma súbita catástrofe que poderia destruir o bem-estar da família da noite para o dia.

A segurança no emprego fornecia um alimento particularmente nutritivo para a confiança no futuro: contratos de trabalho coletivos protegidos pela lei, reforçados pelo impacto, em termos do poder de barganha, da ameaça de retirar a mão-de-obra em condições de quase pleno emprego e relativa imobilidade dos investimentos de capital, estimulavam ambos os lados a buscar, negociar e observar um *modus coexistendi* que ofereceria a segurança de longo prazo que ambos necessitavam e almejavam. "Dificilmente nos dispomos agora", observa Richard Sennett, "a pensar no tempo rotinizado como uma *realização* pessoal, mas, considerando-se as pressões, picos e depressões do capitalismo industrial, ele muitas vezes se transforma nisso... A rotina pode aviltar, mas também proteger; pode corromper o trabalho, mas também constituir uma vida."[13]

Robert data de meados da década 1970 o fim dos "30 anos gloriosos" e do período de alegre despreocupação quanto aos riscos da vida. Foi quando a questão da insegurança chegou subitamente à consciência pública, como que vinda do nada, não tardando a se estabelecer no centro do debate público. A desregulamentação do movimento global de capital e do mercado de trabalho havia apenas começado. Seu efeito imediato foi trazer o desemprego prolongado, provavelmente crônico e em geral sem perspectiva, a fragilidade ou a ausência dos contratos de trabalho, o emprego por tempo fixo ou rescindido por necessidade, horários de trabalho flexíveis e salários indeterminados. Após algumas décadas do que devia parecer, em retrospecto, uma segurança jubilosa, a nova ordem (ou melhor, o súbito caos) trabalhista deve ter chegado como um golpe que estilhaçou o mundo tal como "as pessoas sem outro capital que não a mão-de-obra" o conheciam. A exclusão não era mais vista como um tropeço momentâneo, mas como uma condição durável, talvez permanente – e as autoridades reforçaram essa impressão com uma assustadora mudança no vocabulário de seus pronunciamentos programáticos: de eliminar e evitar a exclusão para conter e administrar os excluídos.

Uma surpreendente descoberta feita por Robert é a de um nível relativamente baixo de crimes violentos num período em que o medo da violência e a preocupação com a segurança estavam em ascensão. Os registros mostram que o volume de atos violentos começou a subir alguns anos *depois* de a opinião pública perceber sua ubiqüidade e ampliação como "auto-evidentes" e estabelecê-las como *doxa* pública. O foco da ansiedade nas áreas habitadas principalmente por imigrantes recentes e, segundo o consenso, cheias de criminosos e de violência, veio mais tarde ainda – mas o caminho fora bem preparado por anos de terremoto existencial, e seu progresso seguiu de perto a contínua eliminação da proteção coletiva, institucionalizada, da vida dos indivíduos. A ansiedade procurava desesperadamente um escoadouro espaçoso, rápido e confiável. Somar dois mais dois, associar o novo e desconhecido sentimento de vacilação e fragilidade a respeito do lugar conhecido no mundo com a nova e desconhecida visão de multidões de aparência e comportamento estranhos enchendo as ruas conhecidas era um passo óbvio, quase natural, a se tomar.

Não foram apenas os que estavam na base da nova "estratificação por grau de segurança individual" que se viram tomados pela ansiedade na busca de um escoadouro – não só os trabalhadores sem qualificação, já expostos às incertezas de um mercado de trabalho "flexível", desregulamentado, oferecendo apenas empregos frágeis, voláteis e eminentemente precários. O espectro da "descartabilidade", a consciência da distância cada vez menor entre qualquer posição aparentemente sólida no mundo e a perda da função, com a conseqüente remoção para o depósito de lixo, deve ter assombrado a tudo e a todos, tanto os ainda aparentemente seguros quanto os já excluídos. As ondas de "precarização" inundaram todo o espectro de posições sociais, de cima a baixo, dos mais conspicuamente privilegiados aos mais flagrantemente despossuídos – embora o curso das possibilidades estatísticas de exclusão e a sua profundidade aumentem quanto mais baixo o ponto inicial de uma carreira é colocado.

Na opinião de Jacques Donzelot, hoje em dia não existe uma linha que separe os incluídos dos (potencialmente) excluídos, e decerto nenhuma fronteira estrita e impermeável (segura!) entre as duas categorias. "Inclusão" e "exclusão" são, antes, dois pólos de um *continuum* uniforme ao longo do qual se assinalam os itinerários existenciais de todos os homens e mulheres, e ao longo do qual oscilam as suas trajetórias – de modo errático e imprevisível. "Os excluídos", diz Donzelot, "representam apenas a extremidade, uma espécie de estágio final do movimento de desagregação que começa no centro, embora afete mais fortemente os que estão na periferia."[14] A exclusão tornou-se uma perspectiva realista praticamente para todos, e todos devem estar preparados para enfrentar a ansiedade resultante.

Dada a variedade de recursos disponíveis, as formas de enfrentar a ansiedade diferem. Pessoas para as quais a eventualidade da exclusão não passa neste momento de um pesadelo que ainda não pode ser visto quando se está totalmente desperto podem tentar reprimir esse pensamento separando-se territorialmente dos que já foram afligidos: mantendo distância – no lar, no escritório e no caminho entre um e outro – dos já atingidos e afetados, lembranças ambulantes de um perigo universalmente compartilhado.

Mas as pessoas de quem desejam manter distância não se podem dar ao mesmo luxo. Suas ruas são as mais atingidas pelas tempestades da exclusão, e não há fita isolante nem trancas de qualidade, mesmo sistemas de vigilância por TV, capazes de proteger as portas de suas casas.

O caráter vacilante e imprevisível dos ambientes em que se ganha a vida é provavelmente a fonte mais prolífica de angústia, mas não a única. A nova vulnerabilidade e fragilidade dos vínculos humanos[15] é outra poderosa razão para se preocupar e ter medo do futuro. Há poucos momentos desanuviados, livres da premonição – se é que chega a haver algum – quando se passeia ou perambula pelo diretório de uma "rede" ou se digita o miniteclado de um celular. As parcerias são eminente e iminentemente rompíveis, os compromissos revogáveis e sujeitos a serem desfeitos, sem aviso, a qualquer momento, números de telefone ficam inativos, e chamadas permanecem teimosamente não atendidas, e repreensões impiedosas podem substituir as alegres boas-vindas às quais se estava acostumado e que eram consideradas, por credulidade, algo de direito. Explorar a rede é como esquiar sobre gelo uniformemente polido: divertido num rinque freqüentado nos fins de semana, mas exigindo vigilância plena, sem descanso, e portanto cada vez mais cansativa, quando se transforma na única superfície disponível para as caminhadas diárias.

Essas razões para o nervosismo e o medo, embora assustadoras, são apenas as primeiras de uma longa lista de fontes de ansiedade. Com a sedução (sempre fugaz, sempre em competição implacável com outras iscas e feitiços) abrindo caminho por entre regras normativas, e a excitação de despertar novos e não experimentados desejos para substituir a monotonia de manter satisfeitas as antigas necessidades, tediosamente familiares, sobra pouco tempo para fazer uma pausa, relaxar e avaliar as nossas bênçãos. O que conta é a *apropriação* (temporária) e não a *posse* (permanente); o emprego imediato e oportuno, e não a manutenção e preservação. Nunca se sabe o que se pode desejar amanhã, quando os objetos do desejo de hoje perderem o brilho. O que importa é levantar as orelhas para ouvir os primeiros sinais do novo "chegando" e do velho "esvaindo-se"; manter-se na pista em vez de correr todo o percurso, já que a linha de chegada não existe ou se move com mais rapidez do que o mais rápido dos corredores. Uma vez mais, a vida de um corredor pode ser agradável (ou pelo menos conseguimos convencer-nos de ser essa a verdade), mas certamente é exaustiva. O preço é o medo, que nunca descansa, de vacilar, perder o fôlego, cair fora da pista.

A lista de temores é como a trajetória do consumidor – inacabada e, com toda probabilidade, interminável. O medo capital do qual se podem extrair lucros econômicos e políticos é, para todos os fins e propósitos práticos, ilimitado.

Há pouco tempo, as telas de TV se encheram de pessoas acotoveladas nos saguões dos aeroportos, onde passaram dias esperando para que os aviões recebessem permissão de voar, e horas para chegar às cabines de raios X e de entrevista, para ter o corpo todo cheirado por cães policiais antes de embarcar – vigiadas o tempo todo por guardas fortemente armados. Enxames de suspeitos até que se prove o contrário, todos desejosos de provar a sua inocência individual.

Em nossa época de confissões públicas, isso não seria fazer boa televisão se os repórteres não pinçassem rostos na multidão sem face – rostos de homens e mulheres, jovens e velhos – e perguntassem a essas pessoas como se sentiam... E assim os repórteres fizeram o que se espera que façam e perguntaram: "Você não está furioso por ter sido afastado dos que lhe são mais próximos e mais caros? Por perder a sua reunião de negócios? Por passar o fim de semana olhando painéis de partida e entrando em filas de *check-in*?" "Ah, não, pelo contrário! Estamos satisfeitos e agradecidos", diziam as respostas, todas elas, unânimes como um coral ensaiado repetidas vezes, componente por componente, desde o soprano até o baixo. "Que alívio! Nunca nos sentimos tão seguros. Os responsáveis pela nossa segurança realmente estão fazendo o seu trabalho."

Até aí, nada de novo. Muitos anos antes de Charles Lindbergh se estabelecer como o pioneiro dos vôos transatlânticos, e muito antes de senhoras idosas terem as suas lixas de unha identificadas dentro das bolsas pelos raios X e triunfantemente confiscadas nos *checkouts* dos aeroportos, corria pela Europa Oriental a história de um seguidor devoto do grande Rabino de Zhitomir que tentava convencer uma pessoa descrente como São Tomé dos poderes sobrenaturais de seu santo mentor e de como a onipotência deste não tinha rival. "Os judeus de Kiev enviaram uma delegação ao Rabino para se queixar de que a sua cidade estava cheia de anti-semitas e lhe pedir que fizesse alguma coisa a respeito", disse ele. "Para ajudar os judeus, o Rabino fez uma oração a Deus e lhe pediu que queimasse a toca dos vilões – e Deus, como sempre, concordou. Os delegados, contudo, ficaram confusos diante da rapidez, da severidade e do caráter indiscriminado da resposta. Apontaram ao Rabino que algumas pessoas gentis, das quais havia um certo número até mesmo naquela cidade infestada, também poderiam ser atingidas pelo fogo. E assim o Rabino tornou a orar, dessa vez pedindo a Deus que não deixasse Kiev desaparecer na fumaça." "E como você vê", gritou o hassídico, em êxtase, "ninguém se queimou, nenhuma casa foi atingida, Kiev ainda está inteira e firme!" A história terminava – você adivinhou – com a conversão do cético.

Assim, o que há de novo, além de os rabinos terem sido substituídos por empresas de segurança estatais ou privadas, as orações por TVs de circuito fechado, raios X, cães farejadores e impressões digitais, e os hassídicos por redatores de editoriais e reportagens? Na época em que a história acima circulava pelas cidadezinhas da Europa Oriental, Karl Marx afirmou que a história acontece duas vezes, primeiro como tragédia e depois como farsa. Neste caso, porém, a seqüência foi invertida. A piada tornou-se estranhamente real; o grotesco transformou-se em tragédia.

Grande parte das verbas de P&D das empresas gigantes na área do marketing é destinada à produção de consumidores. Não haveria sentido em gastar o dinheiro da empresa na invenção de "novos e aperfeiçoados" bens de consumo se não houvesse consumidores para cobiçá-los e ansiar por eles, prontos a gastar o seu dinheiro com a sua parcela da primeira fornada e a ficar horas na fila por esse privilégio. Os novos produtos despertam o entusiasmo dos consumidores porque prometem fornecer aquilo de que eles precisam – mas como é que os consumidores saberiam de que precisam e onde obtê-lo se não fossem adequadamente informados? Provavelmente não o fariam. Sequer imaginariam aquilo de que *realmente* precisam, e obviamente não teriam a menor idéia do tipo de implemento ou serviço que melhor atenderia à sua necessidade.

Evidentemente, nem os mais engenhosos especialistas em marketing seriam capazes de fazer aparecer uma necessidade totalmente nova a partir do nada. Em vez disso, eles precisam partir de um anseio, desconforto ou preocupação já sentidos, ainda não processados, mas eminentemente "processáveis": uma tensão inarticulada ainda sem nome, difusa e destituída de foco. Quanto menos definido for o desconforto vagamente experimentado, melhor. Esses especialistas gostam que a sua "matéria-prima" seja vaga e informe, flexível, submissa, suave e amoldável, pronta a assumir formas diversas – de modo a que lhe possam dar a forma específica que os fornecedores estão ávidos por oferecer ou convincentemente afirmem estar oferecendo. Seu papel se reduz a "apenas conectar". Consiste em condensar ansiedades confusas e dispersas numa necessidade dotada de um nome, e então apresentar o que seja que os mercados tenham a oferecer atualmente como a resposta certa a essa necessidade. As mesmas ansiedades podem ser remodeladas para responder a diferentes ofertas – e de fato são repetidamente recicladas. Uma vez que determinada oferta tenha sido, por qualquer motivo, retirada, a conexão previamente estabelecida deve ser rompida e os fios soltos, atados para formarem outro nó.

Pode-se afirmar que a mais conspícua das ofertas atualmente retiradas do "mercado político" é a do Estado social; em desavença com a lógica do mercado consumidor, este caiu, sem causar surpresa, como a primeira baixa da retirada do Estado da regulação normativa dos empreendimentos comerciais. O mercado consumidor floresce no mesmo medo capital que o Estado, quando almejava tornar-se o Estado social, prometia erradicar. É principalmente por essa razão que tudo aquilo direta ou indiretamente relacionado à filosofia e à prática do "Estado de bem-estar social" é, para os filósofos e praticantes do mercado consumidor, um anátema. O sucesso do Estado social significa a estagnação ou a morte do mercado, e assim o Estado social é o primeiro obstáculo que as forças do mercado devem remover do caminho para o sucesso.

Escapar do medo é o melhor "ponto de venda". Nada vende tanto quanto os dispositivos antimedo, e o sintoma mais evidente da passagem do poder do Estado para o mercado é a política de cortar impostos, uma política cuja linha mestra é o retorno ao mercado de fundos anteriormente carreados para os cofres do Estado a fim de financiarem a segurança individual socialmente fornecida. Em outras palavras, a "comercialização do medo" – a transferência maciça do recurso chamado "medo" da esfera do poder político para a dos atores do mercado. Esse recurso foi o primeiro a ser "desregulamentado" e "privatizado". Cabe agora ao mercado de consumo lucrar com o medo desassistido em outros sentidos. E ele o faz – com prazer e habilidades cada vez maiores.

Quer se trate de um spray mágico que extermina ácaros de tapete invisíveis a olho nu e, por isso, particularmente assustadores, alvejantes com ingredientes secretos para assegurar a destruição "da sujeira que você vê e da que você não vê", fitas adesivas para vedar janelas contra o antraz dos terroristas, câmeras de TV para manter a distância estranhos transpirando objetivos não especificados, alimentos orgânicos que protegem dos vendedores ambulantes de comida envenenada e/ou envenenante, e alimentos dietéticos que matam de fome e destroem a gordura corporal, sua quinta coluna, ou os SUVs – veículos pessoais armados com aríetes em vez de amortecedores, para afastar os menos aquinhoados "motoristas do inferno", com placas de aço tranqüilizadoramente espessas a fim de manter ao largo o "mundo exterior" saturado de perigo – quando se trata de apascentar as nossas ansiedades e canalizar os nossos temores para usos lucrativos, a inventividade dos promotores do mercado não conhece limites. E há sempre uma última e intransponível linha de trincheiras: o medo de ser encontrado com instrumentos de ontem destinados a afastar os temores de anteontem...

A "indústria da segurança", em rápido crescimento, a única em que as expectativas de redundância permanecem confortavelmente remotas e que pode merecidamente afirmar que faz o que prega, ou seja, ser segura, pode muito bem se tornar a principal beneficiária do desmantelamento do Estado social. Instado, no dia 30 de janeiro de 2004, a encontrar websites referentes à segurança, o Google ofereceu (em 0,14 segundo) cerca de 66.400.000 entradas. O Lycos levou uma fração de segundo a mais para oferecer 91.266.444, enquanto o Alltheweb conseguiu encontrar 95.635.722. Dado o nível de comercialização da Internet, ofertas de engenhocas assombrosas destinadas a reforçar a segurança do corpo ou das propriedades dos consumidores são responsáveis, como seria de esperar, pela maior parte desses números. O único "assunto de segurança" sobre o qual o Estado ainda pode arrogar a sua propriedade monopolista (tal como antes, ao tempo de Weber, este se arrogava a propriedade e a administração monopolistas dos meios de imposição da lei) – o terrorismo e a guerra contra si mesmo – ocupava, em comparação, uma parcela diminuta (embora de modo algum insignificante) da rede de informação mundial. O Google listou 5.190.000 sites, o Altavista 8.614.569 e o Lycos dessa vez terminou em primeiro lugar com 9.011.981.

Tendo deixado de lado a ambição e quebrado a promessa de libertar os indivíduos do medo que emana dos acasos da vida, o Estado não pode mais beneficiar-se da legitimação que apresentou durante a maior parte da história moderna para justificar a exigência de que os indivíduos se submetessem à lei e à ordem. A proteção efetiva contra os golpes aleatórios desfechados pela impiedosa e irrefreada competição de mercado simplesmente não está ativada e não pode ser creditada ao Estado – nem como realização, nem como perspectiva viável. Não obstante, qualquer tentativa nesse sentido é capaz de desencadear uma réplica devastadora da parte do capital global, e os efeitos adversos seriam, em última instância, atribuídos à incompetência dos responsáveis, e portanto utilizada contra o Estado como prova do equívoco de sua "política econômica". Em resultado do rápido e implacável encolhimento do domínio das decisões soberanas do Estado, a "crise de legitimação" assinalada por Jürgen Habermas mais de duas décadas atrás se aprofundou continuamente com o passar dos anos e agora parece ter alcançado um ponto sem retorno.

Quando as democracias enfrentam um período de crise (como a crise de legitimação de nossos dias), Eugen Weber sugere que

> o descontentamento e o medo difusos podem concentrar-se nos Outros, denunciados por tirar o trabalho dos nativos, o pão de suas bocas, a segurança de suas ruas e os impostos de seus bolsos. Em períodos assim, pessoas que vivem como vizinhas se transformam em inimigas, o nacionalismo informal se torna um xenofóbico *nós* contra *eles*. Normalmente, primeiro os imigrantes são ofendidos e marginalizados, mas depois integrados e assimilados. Em tempos difíceis, porém, a antipatia latente se transforma no ressentimento e no ódio declarados, como durante a grande depressão, quando holandeses, belgas, suíços, britânicos, franceses e americanos se puseram a estabelecer restrições à imigração. Os direitos do homem são apenas aqueles que alguns homens concedem a outros ... A democracia tende a expressar os preconceitos da maioria, da mesma forma que os seus melhores sentimentos e aspirações.[16]

A busca frenética por uma legitimação alternativa que pudesse navegar sobre as ondas adversas em vez de ser varrida por elas levou os Estados a uma área que os marketeiros de bens de consumo, prontos a farejar novas e lucrativas oportunidades, já tinham percorrido em massa: a da segurança pessoal. Como a área já estava congestionada, o desafio era criar ou adicionar um setor que os órgãos do Estado pudessem objetivamente reclamar como sendo o seu domínio monopolista – o tipo de ameaça à segurança que precisaria das prerrogativas singulares do Estado para ser enfrentado, contido ou eliminado de forma realista. O papel exclusivo e inconteste das autoridades do Estado em confrontar a nova edição das ameaças à segurança foi buscado, como apontou Jo Goodey, pela "fusão dos temas da imigração e do crime num *continuum* de segurança interna" e associando "a já estabelecida demonização do 'outro', sob a forma da ameaça criminal apresentada à União Européia pelos 'forasteiros' indesejáveis", e as crescentes pressões da migração de fora para dentro da UE que permitiram "um casamento fácil entre as preocupações com o crime e as preocupações com a imigração".[17]

Por meio dessa fusão e desse casamento, o Estado adquiriu um ativo inestimável em sua luta por um substituto para a legitimação. As oportunidades de exibições espetaculares da atividade do Estado (e, com efeito, de sua indispensabilidade) já eram amplas nessa área, mas além disso podiam ser multiplicadas à vontade. Pode-se atrair grande atenção da parte do público para os esforços de separar, entre os refugiados e as pessoas em busca de asilo, os "autênticos" dos "espúrios" e de identificar potenciais mafiosos e "parasitas da previdência" entre os que, após um exame *high-tech* e um meticuloso procedimento seletivo, já tiveram permissão de entrar no país. Para coroar tudo isso, como observou Rory Carroll, "ao fechar virtualmente todas as formas legais de entrada, a Europa garantiu que os forasteiros não tenham escolha senão procurar o traficante. Este estabelece um preço com base na demanda, no custo e no risco. A estratégia da Europa é tornar esse custo e esse risco os mais altos possíveis."[18] Novas e amplas áreas criminais são assim evocadas, proporcionando aos governos muito trabalho para proteger a ameaçada segurança de seus cidadãos. O *continuum* "migração-crime-segurança" (expressão de Goodey) permite aos Estados europeus encontrarem uma nova e poderosa legitimação na nova mistura de policiamento com políticas de imigração.

O 11 de Setembro abriu outro espaço, mais amplo ainda, para a construção da nova legitimação. O próprio tamanho desse espaço é enorme, mas também tem outras vantagens que as preocupações com segurança focalizadas nos refugiados não têm.

Apesar da posição precária à beira da extraterritorialidade (leia-se: fora dos domínios da lei), os refugiados ainda podem (ao menos em princípio) invocar os "direitos humanos", não importa o quanto estes possam ser imprecisos, e algumas vezes recorrer com sucesso aos tribunais, sejam locais ou supranacionais, e a procedimentos disponíveis aos habitantes estabelecidos do país em que estão. Há limites nos quais até mesmo as iniciativas mais engenhosas das autoridades, ávidas por serem observadas flexionando os músculos, são obrigadas a parar. Ao fim do dia, a evidência de um vínculo entre a imigração e a criminalidade tem de ser apresentada, e essa culpa por essa associação precisa ser provada, não importa o quanto tal fim seja adiado pela coalizão entre as sucessivas histórias de horror publicadas pelos tablóides e os pânicos patrocinados pelo governo. Os refugiados, tal como outros seres humanos, podem considerar-se inocentes até que se prove o contrário – e assim não são candidatos perfeitos para o status de (invocando um conceito de Giorgio Agamben) "*homini sacri*" – condição que está fora de todas as condições legalmente reconhecidas, privada de todo significado humano e à qual nenhuma lei, humana ou divina, se aplica.

Os terroristas, por outro lado, podem ser colocados aberta e explicitamente fora do reino da humanidade: fisicamente – em Guantanamo ou no campo de prisioneiros de Bagram e em suas réplicas menos divulgadas, locais plena, total e inegavelmente extraterritoriais e vedados a qualquer jurisdição de base territorial, sobre os quais nenhum sistema jurídico estabelecido pode reclamar soberania e onde nenhuma das regras que se tornaram ingredientes indispensáveis dos direitos humanos permite que os prisioneiros questionem as acusações e tentem provar a sua inocência ou se queixar de tratamento desumano. A intenção de cometer um ato de terrorismo é, por definição, equivalente a uma prova de desumanidade, e ser acusado de tal intenção é (se não na teoria, ao menos na prática) toda a evidência necessária de que o tratamento reservado aos membros da raça humana não se aplica nesse caso. Quando concentram os temores do público na ameaça do terrorismo, e suas preocupações na "guerra contra o terrorismo", os poderes constituídos ganham uma liberdade de manobra inacessível e inimaginável no caso de qualquer outro inimigo público, real ou imaginário. Não há nenhum outro caso em que o Estado esteja virtualmente livre do medo de que sua representação como a única barreira que separa seus indivíduos de horrores incontáveis e indizíveis possa ser desmascarada como exagerada, desproporcionalmente inflada ou simplesmente resultante de uma fraude. Não há nenhum outro caso em que o Estado, em seu papel de aplicador da lei, possa estar igualmente seguro de que os seus indivíduos se inclinarão a tomar a *não-concretização* dos perigos como prova de que eles são reais, assim como do papel abençoado, salvador, dos órgãos de segurança do Estado que preveniram sobre a sua iminência. "Os suspeitos de terrorismo podem ser presos com base em evidências obtidas pela 'bisbilhotagem eletrônica' de chamadas telefônicas e e-mails, segundo as medidas de varredura tomadas para combater a ameaça de uma atrocidade da Al-Qaeda", afirma o *Observer* de 22 de fevereiro de 2004. Mas isso não é tudo: pelos novos poderes antiterroristas do governo "os suspeitos seriam presos com base num padrão de provas menos rigoroso do que o exigido pelas cortes criminais, e por crimes nem sequer cometidos, como a intenção de provocar uma explosão suicida".

Como vimos anteriormente, não é fácil provar ou refutar o tamanho e a gravidade dos riscos. Essa dificuldade foi agora afastada pelo expediente muito simples de admitir padrões de prova "menos rigorosos" (e não especificados) de que "essas pessoas" (os suspeitos de intenções mórbidas captadas em suas conversas telefônicas) "são um risco". Como em nossa época os riscos são, por consenso, ubíquos (tal como o são seus potenciais portadores), essa mudança abre uma perspectiva praticamente ilimitada para as atuais e futuras fábricas de medos acompanhadas pelo poder. O problema não é mais se os acusados são culpados ou inocentes ou se as acusações oficiais são corretas, fraudulentas ou manipuladas, mas se a definição oficial do caso, com base em provas irreveladas e admitidamente irreveláveis, pode ou não ser independentemente examinada, testada e aprovada ou questionada. A dosagem de ansiedade pública depende agora mais dos caçadores de terroristas do que dos próprios terroristas – e assim pode ser determinada pelas necessidades políticas de governos impotentes em controlar a turbulência econômica, e não pela escala de danos que os terroristas fervorosamente desejariam, e são capazes de, perpetrar.

Nenhuma pessoa em sã consciência poderia negar a realidade da ameaça terrorista. Enquanto o lar planetário que compartilhamos permanecer caótico e os poderes globais tão descontrolados e livres da política e da orientação ética, e nossas paroxísticas respostas aos atentados terroristas seguirem tão unilaterais, privatizadas e desregulamentadas como são agora em resultado de uma globalização unilateral, privatizada e desregulamentada, essa ameaça continuará sendo real. O terrorismo extraterritorial é um produto tão inevitável da forma como se dá a globalização da interdependência planetária da humanidade quanto as finanças, o comércio, o crime e a corrupção extraterritoriais. Só desaparecerá se também desaparecer a "nova desordem mundial"– sua terra natal e seu *playground*, fonte inexaurível de seu vigor sempre renovado.

Em reação à resposta espanhola ao atentado terrorista em Madri, o secretário de Defesa americano recorreu a uma parábola sobre vizinhos decidindo se devem juntar-se ou não na caçada a malfeitores locais que constituem uma ameaça a todos. O pressuposto tácito era o de que os ataques liderados pelos americanos ao Afeganistão e ao Iraque, assim como outros semelhantes que os Estados Unidos poderiam conduzir no futuro, são a verdadeira e única caçada adequada, e aqueles que suspeitam que esses ataques são equivocados, contraproducentes e despropositados, e buscam outras formas, mais efetivas, de combate ao terrorismo, estão, pelo mesmo raciocínio, optando por abandonar a "guerra contra o terrorismo". Mas a parábola de Rumsfeld e o pressuposto de que ele, de modo ubíquo, apresentava como supostamente auto-evidente, assim como a maioria dos comentários que se seguiram à vitória socialista nas eleições da Espanha – assumindo que a possível retirada das forças ocupantes espanholas do Iraque equivalia a lavar as mãos na luta contra o terrorismo –, não foram senão outro sintoma de uma agenda discursiva perigosamente enviesada. Ao contrário do que sugere a parábola, o verdadeiro foco do debate não é se o esforço para aniquilar os terroristas é um dever tanto da Europa quanto dos Estados Unidos, mas se a "guerra contra o terrorismo" à qual os americanos pretendem que os europeus se juntem é a forma correta de empreender esse esforço.

A verdadeira escolha é entre manter o planeta fértil para o terrorismo, perpetuando e exacerbando as suas condições de terra de fronteira, aberta a todos, ou reformar o planeta de um modo que tenderá a impedir que as sementes do terrorismo criem raízes e floresçam (embora, sendo como são os seres humanos, nenhuma reforma concebível possa eliminar totalmente a ameaça de atos terroristas). A verdadeira "guerra ao terrorismo" seria um esforço concertado para tornar o planeta hospitaleiro para a humanidade e assim inóspito para os seus inimigos. Essa "guerra", contudo, exigiria muito mais do que enviar aviões para bombardear o Iraque, o Afeganistão ou quaisquer outros alvos escolhidos. Além disso, absolutamente não se tem certeza de que os responsáveis pela estratégia considerariam enviar os aviões como a maneira correta para se travar a luta. E, a julgar por seus efeitos até o presente, a suspeita de que a estratégia de Rumsfeld nos afasta do propósito declarado da "guerra contra o terrorismo", em vez de nos aproximar do objetivo de uma coexistência pacífica dos seres humanos em nível planetário, está bem fundamentada.

Se o objetivo da Al-Qaeda é fazer o Ocidente viver amedrontado e perder a capacidade de manter os seus padrões de liberdade, justiça, democracia e dignidade humana (todos esses valores que os líderes da Al-Qaeda e seus seguidores têm sido repetida e corretamente acusados de pretenderem destruir), parece que a organização está mais perto do alvo do que as suas próprias forças poderiam ter sonhado. O amargo comentário de Robert Taber – o americano que lutou a favor de Castro em Playa Giron – sobre a guerrilha se confirmou, e de uma forma particularmente sinistra, no caso da atual onda de atentados terroristas: os guerrilheiros (ou terroristas) lutam a guerra da pulga, e seus inimigos militares sofrem as desvantagens do cão: muito a defender; um inimigo muito pequeno, ubíquo e ágil a enfrentar...

Uma vez desencadeada a "guerra contra o terrorismo", versão Rumsfeld, pouco resta aos militares caçadores de terroristas senão seguir outra observação pungente, esta do grande historiador romano Cornélio Tácito: eles fazem uma miscelânea e a chamam de paz. É a miscelânea que eles fazem que torna tão distante e aparentemente nebulosa a perspectiva da paz.

# • 4 •

# Rumo a um mundo hospitaleiro à Europa

"Por que a Europa precisa de força?", pergunta Tzvetan Todorov. E responde: para defender uma certa identidade que os europeus pensam valer a pena defender.[1]

Mas o que poderia ser essa "identidade" (aquele algo, como sugeriu Paul Ricoeur, que torna seu portador visivelmente diferente de todos os outros, mas que ao mesmo tempo o faz visivelmente semelhante a si mesmo, a despeito da passagem do tempo)? Uma forma de vida especial, incomum, talvez mesmo singular, um modo de viver junto, de se relacionar com os outros e de ganhar com a presença deles, em relação ao qual os europeus tendem a avaliar a adequação/decência do mundo pelo qual são feitos ao mesmo tempo que o fazem. Uma forma de vida que eles lutam, com resultados ambíguos, para praticar. Como afirmei no início deste livro, um dos traços mais conspícuos da identidade européia sempre foi a tendência de perseguir a identidade, enquanto ela se mantém, teimosamente, muito à frente de seus perseguidores.

O que "vale a pena defender" (assim como lutar para obter e, uma vez obtido, é difícil de abandonar) é chamado de "valor". Diga-me quais são os seus valores e eu lhe direi qual é a sua "identidade". No caso da Europa, sempre lutando para se aproximar de um estado que acreditava ser bom e desejável, em vez de se acomodar no estado em que se encontrava (muito menos deixando de indagar como seria aquele último estado e, assim, de descobrir o quanto lhe faltava para ser desejado), o vínculo entre valores e identidade é, comprovadamente, ainda mais íntimo do que em outros casos: a identidade é mais amplamente definida pelos valores que os europeus prezam do que por qualquer outra de suas características.

Todorov, bem situado para realizar o trabalho graças a uma biografia que abrange ambos os lados daquilo que algumas pessoas vêem como as fronteiras externas da Europa – enquanto outras vêem como a sua "grande linha divisória", com dois milênios de idade, mas agora defasada –, oferece uma lista desses valores distintamente europeus.

Valores "distintamente europeus"? Essa qualificação não se refere aos limites de seu atual ou, o que é mais importante, potencial *encanto* (que, sendo novamente um traço integrante da identidade européia, é considerado universal, plenamente humano; o traço distintivo dos valores europeus é acreditar que esses valores só "fazem sentido" se forem vistos como totalmente includentes, e que são indefensáveis a menos que aplicados a toda a humanidade), mas a sua *origem*. Esses valores são "distintamente europeus" porque foram pensados, articulados e refinados na parte do planeta que tende a ser descrita como "Europa propriamente dita", e sua articulação e refinamento não podem ser separados do curso da história européia. Foi exatamente pela sua articulação e pelo seu refinamento que a localização e os sucessivos fenômenos históricos da Europa tiveram o seu curso.

A "racionalidade" abre a lista de Todorov. A racionalidade, permitam-me enfatizar de uma vez por todas (e evitar a necessidade de repetir quando outros valores forem discutidos), é um *valor*, não uma característica da realidade quotidiana européia. Segundo os critérios estabelecidos pelo valor da "racionalidade", o passado e o presente europeus são polvilhados de atos de absoluta irracionalidade. A maior parte do que ocorreu e foi feito na história européia não passaria hoje no teste da razão – e dificilmente poderia, já que o que se considera razão e os seus critérios têm mudado no tempo, juntamente com a própria Europa. Mas a crença de que todos os hábitos e suas transgressões precisam justificar-se no tribunal da razão foi e continua sendo um hábito dificilmente quebrado pela Europa. Essa crença elevava a argumentação e a discussão acima da força – era um estímulo a "trocar argumentos mais freqüentemente do que golpes".

Estando a "Europa realmente existente" sempre um pouco atrás da Europa que a Europa ansiava ser, essa crença tornava os europeus inerentemente críticos e autocríticos. Assentos na suprema corte podiam ser reservados em todas as épocas para a razão e somente para ela – mas nenhum encarregado de falar em seu nome num determinado período esteve realmente a salvo do exame crítico. Podemos dizer, em retrospecto, que a crítica e a discordância, em vez da autoconfiança e da liberdade em relação à dúvida, mostraram ser os conteúdos de maior permanência da "racionalidade" como valor europeu. Ser racional, no sentido que a idéia de "racionalidade" recebeu ou adquiriu na história européia, significa jamais estar livre da suspeita de que os preceitos da razão foram mal-interpretados, mal-compreendidos ou mal-aplicados – e que é preciso corrigi-los urgentemente.

A "justiça" aparece em segundo lugar na lista de Todorov. Outro valor, permitam-me comentar, cuja natureza é mais bem apreendida como uma agonia da consciência, ou por meio das metáforas do espinho na pele, do acicate ou do fermento. A linha que separa o "justo" do "injusto" dificilmente resiste por muito tempo. Seria difícil e provavelmente impossível delimitar uma sociedade em que as novas correções de limites fossem redundantes e esperar que uma descrição particular obtivesse o consenso por muito tempo (embora seja igualmente imprudente esperar que deixem de ser feitas tentativas de congelar essa linha). Tal como a "racionalidade", que mostra o seu verdadeiro poder quando se volta contra os veredictos da razão atualmente pronunciados, a "justiça" revela a verdadeira força quando a sociedade da época é acusada de parcialidade, iniqüidade, favoritismo, corrupção ou preconceito. O mais próximo que se pode chegar de uma definição de "sociedade justa" é dizer que a sociedade é "justa" quando não acredita que o é suficientemente, e portanto está determinada a perseguir esse objetivo com mais determinação.

Tomar a "justiça" como valor em si, não utilitário, coloca todos os outros valores num papel subsidiário, instrumental. Oferece à justiça ao menos uma chance de imunidade em relação ao vírus da sedução por outros prêmios, de brilho mais esfuziante. A "justiça" nos lembra que há outros objetivos a imaginar, e que, se eles foram esquecidos, chegou o momento de fazer uma pausa e refletir. Porém há mais quanto ao papel singular e insubstituível da justiça: além de ser juiz, de ser aquele que assume o papel da neutralidade e de ser revisor de todos os outros valores, quer abraçados superficialmente ou mais obstinados, a justiça também é o único valor que guarda o bem *comum* (quer dizer, do ponto de vista de todos, o bem dos outros) das incursões promovidas pela autopromoção egoísta. É um valor que enfatiza a solidariedade e, portanto, torna possível a sociedade. A "justiça" prepara o habitat humano para o convívio pacífico e amigável. Abre a mesa – uma mesa-redonda – para o diálogo e as negociações orientadas pelo desejo do acordo. A justiça é o mais "socializante" dos valores. Pode estimular os confrontos mais frenéticos, mas no final unifica e cura as divisões. E, como aprendemos com Simmel, a discordância é a estrada imperial que leva ao consenso. Ser excluído da família humana e destinado ao depósito de lixo pode por vezes ser um veredicto da razão – mas jamais seria mantido no tribunal da justiça.

O próximo da lista dos valores mais destacados, realmente definidores, da Europa é a "democracia". Como valor, a democracia pode gerar e informar muitas maneiras de administrar e acomodar os problemas compartilhados pelos seres humanos – vários e diferentes, por vezes profundamente. Há em face dela mais diferenças que similaridades entre a ágora ateniense e o Reichstag, para não mencionar as assembléias de Estrasburgo. E, no entanto, há uma semelhança familiar que permite a todos ser reconhecidos como portadores do mesmo conjunto de genes, múltiplas e variadas versões dos mesmos princípios inspirados pelo mesmo valor.

O que é aquele "algo" que une a todos? Uma característica que Cornelius Castoriadis singularizou como o constituinte decisivo da "sociedade autônoma"[2] (por oposição às "sociedades heterônomas", ou seja, aquelas que "incorporaram a suas instituições uma idéia que não deveria ser contestada por seus membros: a idéia de que as suas instituições não foram feitas pelo homem, não foram criadas por seres humanos, pelo menos não por aqueles atualmente vivos", e portanto não podem ser desfeitas ou mesmo reformadas por estes últimos – como a expressão "não há alternativa", a desculpa favorita dos atuais atores políticos, tenta, felizmente com efeito limitado, sugerir).

A essência de uma sociedade autônoma, a consciência de que todas as suas formas e meios se baseiam somente na vontade de seus membros vivos, foi incorporada ao preâmbulo com que os antigos atenienses precediam todas as leis votadas na ágora: "*edoxe te boule kai to demo*", "foi considerado bom pelo conselho e pelo povo". Diversos pressupostos fundamentais foram comprimidos nessa fórmula, sucinta, mas que ainda assim dizia tudo: que há algo chamado "bom", capaz de ser reconhecido como tal; que escolher esse bom em vez de suas alternativas, não tão boas ou absolutamente ruins, é o propósito da deliberação pública que precede uma decisão; que a discussão e a argumentação para se chegar a uma decisão constituem a forma de fazer a escolha certa; e que quando, afinal, a escolha tiver sido feita, todos os envolvidos e afetados por ela precisam lembrar-se de que a razão para fazê-la não foi mais, mas também não foi menos, do que o fato dela ser *considerada* boa pelo conselho e pelo povo da época. "Considerada": isso significa que, mesmo que o conselho e o povo tenham feito o possível para chegar a uma decisão conjunta à luz de seu conhecimento do que é bom, esse conhecimento pode ser incompleto ou simplesmente errôneo. O debate é interminável; não pode acabar, a menos que a democracia não seja mais democrática e a sociedade se veja privada de sua autonomia. Democracia significa que a tarefa do cidadão nunca está completa. Ela existe em função do interesse perseverante e obstinado dos cidadãos. Quando esse interesse é posto para dormir, a democracia expira.

De modo que não há, nem pode haver, uma democracia, uma sociedade autônoma, sem cidadãos autônomos – ou seja, cidadãos dotados de liberdade individual e de responsabilidade também individual pelas formas como a empregam. Essa liberdade é outro valor – embora impensável separado do valor da democracia. Esta se baseia na liberdade de seus cidadãos, e estes baseiam a sua confiança de serem livres na coragem de o serem na democracia de sua *polis*. Os dois constroem um ao outro e são construídos no processo dessa construção.

Eu sugiro que foi a combinação de todos os valores mencionados que lançou a Europa em sua aventura – contínua, inacabada e, ao que se espera, interminável. Misture esses valores e você tem um composto inerentemente instável, que dificilmente se solidificará um dia, sempre pronto a interagir com outras substâncias, absorvê-las ou assimilá-las. É essa provavelmente a qualidade da Europa que os teóricos da "modernidade reflexiva" quiseram apreender e nomear, embora o tenham feito, como a coruja de Minerva, apenas quando o fenômeno em questão havia entrado em tempos difíceis e enfrentava, tendo a Europa perdido o seu papel secular de estabelecer padrões em âmbito planetário, o perigo genuíno de acabar prematuramente.

E foi provavelmente isso que estimulou Lionel Jospin a investir as suas esperanças na Europa com base numa "abordagem repleta de nuances das realidades atuais".[3] A Europa aprendeu, do modo mais difícil e a um preço enorme pago na moeda do sofrimento humano, "a ultrapassar antagonismos históricos e resolver conflitos pacificamente", e a juntar "uma ampla variedade de culturas" e viver na expectativa de uma permanente diversidade cultural, não mais vista apenas como um fator de irritação temporária. E note-se que essas são precisamente as lições de que o resto do mundo necessita mais urgentemente. Quando observada contra o pano de fundo de um planeta tomado por conflitos, a Europa parece um laboratório em que as ferramentas necessárias para construir a *Allgemeine Vereinigung der Menschheit* ( "unificação universal da humanidade") de Kant continuam a ser projetadas e, como numa oficina, "testadas na ação", embora neste momento na execução de tarefas menores, menos ambiciosas. As ferramentas atualmente forjadas e testadas dentro da Europa servem antes de tudo para a delicada operação (segundo alguns observadores, delicada demais para apresentar mais do que uma mínima chance de sucesso) de separar as bases da legitimidade política, o procedimento democrático e a disposição de compartilhar, ao estilo comunitário, os ativos a partir do princípio da soberania nacional/territorial com o qual estiveram inextricavelmente ligadas durante a maior parte da história moderna.

No Estado-nação, o casamento do poder com a política foi definido e fixado *territorialmente*; o lento e confuso progresso de um *modus coexistendi* internacional objetivava corroborar e reforçar esse princípio – o que acabou por levar ao estabelecimento das Nações Unidas, com o mandato de proteger a soberania dos Estados – territorialmente confinada – da agressão e interferência externas. Mas esse casamento "celebrado no céu" entre a política e o poder, e seu lar, o Estado-nação territorial, estão sendo atacados hoje em dia tanto por fora quanto por dentro. Para as potências globais emergentes, os enclaves políticos territoriais cada vez mais se parecem com um monte de "bairros fétidos" a dificultar a integração de um reino novo e mais amplo, enquanto o indivisível direito de determinar as leis do reino a que obstinadamente se aferram esses enclaves dos Estados-nações parecem cada vez mais semelhantes àquelas restrições locais (municipais, paroquiais, com base na terra), economicamente sem sentido e contraproducentes, contra as quais empresários turbulentos e vigorosos se rebelaram dois séculos atrás, quando os seus olhos vislumbraram territórios mais amplos (futuramente nacionais) onde poderiam desenvolver o seu jogo.

A recente federação européia enfrenta agora a tarefa de repetir o feito realizado pelo Estado-nação no início da modernidade: a de religar poder e política, atualmente separados e navegando em direções opostas. A estrada que leva à implementação dessa tarefa é tão pedregosa quanto era antes, repleta de armadilhas e riscos incalculáveis. Pior de tudo, não está mapeada, e cada passo sucessivo é como um salto no desconhecido.

Muitos observadores duvidam da sensatez desse empreendimento e consideram baixas as chances de que ele tenha sucesso. Os céticos não acreditam na viabilidade de uma democracia "pós-nacional" ou de qualquer entidade política democrática acima do nível da nação. Insistem em que a fidelidade a normas cívicas e políticas não substituiria os "laços etnoculturais"[4] e que a cidadania não funcionaria numa base puramente "civilizacional" (jurídico-política) sem a ajuda de "Eros" (a "dimensão emocional") – enquanto presumem que os "laços etnoculturais", assim como "Eros", são inextricavelmente conectados ao tipo de sentimento de compartilhar o passado e o destino que, na história, recebeu o nome de nacionalismo: a fidelidade a essas normas só pode fincar raízes e crescer dentro dessa conexão, não podendo ser reconstruída ou restabelecida de qualquer outra maneira. A possibilidade de que a legitimação nacional do poder de Estado foi apenas um episódio historicamente confinado, uma das muitas formas alternativas de reunir política e poder, ou de que a moderna mistura de *statehood* e *nationhood* apresentava mais sintomas de um casamento por conveniência do que o veredicto da providência ou da inevitabilidade histórica, ou de que o próprio casamento não é um resultado inevitável e, quando arranjado, pode ser tão tormentoso quanto tendem a ser os processos de divórcio (como foi claramente demonstrado pela experiência das entidades políticas pós-coloniais e pós-imperiais artificiais) é assim descartada pelo simples expediente de fugir da dificuldade.

Jürgen Habermas é comprovadamente o porta-voz mais consistente e autorizado do ponto de vista oposto a esse tipo de ceticismo. "A ordem democrática não tem necessidade inerente de se enraizar mentalmente na 'nação' como comunidade pré-política de destino compartilhado. A força do Estado democrático constitucional reside precisamente em sua capacidade de fechar os buracos da integração social por meio da participação política de seus cidadãos."[5] Isso é verdade, mas o problema vai além disso: a "nação", como qualquer promotor da "idéia nacional" estaria ávido por admitir, é tão frágil e vulnerável sem um Estado que a proteja (de fato, que assegure a permanência de sua identidade) como o é o Estado sem uma nação para legitimar as suas demandas. Estados e nações modernos são produtos gêmeos da mesma constelação histórica. Um só pode "preceder" o outro a curto prazo, tentando mantê-lo tão curto quanto possível e enchendo-o de esforços para substituir a prioridade pela simultaneidade e inserindo um sinal de equação entre esses parceiros aparentemente autônomos. O Estado francês foi "precedido" por savoiardos e bretões, não por franceses; o Estado alemão, por bávaros e prussianos, não por alemães. Savoiardos e bretões dificilmente se tornariam franceses, assim como bávaros e prussianos dificilmente virariam alemães, se sua reencarnação não fosse "acompanhada pelo poder", pelos Estados francês e alemão, respectivamente.

Para todos os fins e propósitos práticos, tanto as nações quanto os Estados modernos emergiram no curso de processos simultâneos e intimamente interligados de construção do Estado e da nação – processos pouco transparentes e sem sucesso garantido. Dizer que uma estrutura política não pode ser estabelecida sem um organismo etnocultural viável já assentado não é mais nem menos convincente do que sustentar que nenhum organismo etnocultural tem probabilidade de se tornar e permanecer viável sem uma estrutura política funcionando e exeqüível. Um dilema do tipo ovo e galinha, se é que já houve um.

A análise de Habermas, abrangente e laboriosa, aponta numa direção muito parecida:

> precisamente as condições artificiais em que surgiu a consciência nacional argumentam contra o pressuposto derrotista de que uma forma de solidariedade cívica entre estranhos só pode ser gerada dentro dos limites da nação. Se essa forma de identidade coletiva se

deveu a um salto altamente abstrato da consciência local e dinástica para a consciência nacional e daí para a democrática, por que esse processo de aprendizagem não poderia prosseguir?[6]

Um sentimento de nação compartilhado não é uma condição *necessária* para a legitimidade da autoridade do Estado se este é um corpo genuinamente democrático: "Os cidadãos de um Estado jurídico democrático se vêem como os autores da lei, a qual os compele à obediência como seus destinatários."[7] Podemos dizer que o nacionalismo preenche a legitimação deixada em aberto (ou, para começo de conversa, não preenchida) pela participação democrática dos cidadãos. É na *ausência* de tal participação que a invocação de sentimentos nacionalistas e os esforços para alimentá-los constituem o único recurso do Estado. O Estado deve construir a sua autoridade sobre a disposição de seus indivíduos de morrer pelo país se e quando este parecer precisar de seus habitantes apenas na sua propensão a sacrificar as suas vidas, e pode passar muito bem sem a sua contribuição à administração dos negócios no quotidiano.

Os detratores do "projeto europeu" descartam a esperança numa "identidade européia" supranacional perguntando "quem desejaria morrer por Javier Solana?" (ou, nesse sentido, Romano Prodi). O que eles, prudentemente, deixam de perguntar é quantas pessoas desejariam dar suas vidas por Jacques Chirac, Gerhard Schröder, Tony Blair, George ou George W. Bush, ou mesmo Jean-Marie Le Pen. Fazer essa outra pergunta desafiaria o seu propósito, já que revelaria a futilidade de seu argumento, tornando óbvio como era defasada e irrelevante a primeira pergunta para a perspectiva da unidade européia.

O "patriotismo heróico" a que se refere a primeira pergunta, e que tacitamente se assume como uma proposição plausível, é claramente *passé*; não está em oferta nem em demanda. O quanto está fora de sintonia com a atual condição da Europa se mostra na forma como nós (pessoas nascidas e criadas num continente atulhado de túmulos de "soldados desconhecidos" e monumentos à glória de outros mártires que deram as vidas pelo rei e pela pátria) somos incapazes de compreender, muito menos aprovar, os motivos pelos quais jovens de ambos os sexos de outras partes do mundo, freqüentemente com elevado grau de instrução, podem transformar-se em homens ou mulheres-bomba, dando suas vidas "pela causa". Desconcertados, tentamos entender o seu comportamento de uma forma que se ajusta melhor aos nossos próprios pensamentos e sentimentos: pelas delícias póstumas falsamente prometidas por agentes de credos religiosos exóticos. Tal explicação nos parece muito mais verossímil do que dar a vida por Deus ou pela nação.

Tal como a ética protestante desempenhou o papel de "mediador evanescente" para o moderno capitalismo emergente, perdendo a sua função e o seu poder quando o trabalho estava concluído e não era mais necessário para um capitalismo autoconfiante, o "patriotismo heróico" auxiliou o nascimento e a maturação do moderno Estado-nação, definhando e desaparecendo depois, quando o Estado encontrou formas menos custosas de sustentar a continuidade de sua existência do que alimentar as emoções das massas populares. A inclinação de recorrer às estratégias da última guerra vitoriosa é uma fraqueza que os políticos compartilham com os generais. Mas se uma repetição da "mobilização espiritual" acompanhada pelo poder da era da construção da nação e do Estado será condição necessária para edificar as lealdades no nível continental é uma questão em aberto e de forma alguma um resultado inevitável. A União Européia não será nem pode ser uma cópia ampliada de um Estado-nação, da mesma forma que os Estados-nações não foram nem poderiam ser versões maiores de propriedades, paróquias ou municipalidades. Qualquer pessoa que considere a disposição de morrer por Javier Solana como o teste de exeqüibilidade e viabilidade da União Européia está cometendo o equívoco de tomar o produto final de um longo processo de construção nacional como condição preliminar de toda integração social num nível mais elevado.

Os sentimentos de pertencimento comum e responsabilidade mútua pelo futuro também comum, a disposição de cuidar do bem-estar de todos e encontrar soluções amigáveis e duradouras para conflitos esporadicamente inflamados – todas as características da vida comum que foram condensadas por grande parte da era moderna na idéia de "*nationhood*" – precisavam *necessariamente* de uma estrutura institucional de formação de opinião e vontade, atualmente condensada na idéia de um Estado soberano democraticamente governado. A União Européia está caminhando, ainda que de modo lento e vacilante, para uma forma rudimentar (ou embrionária – o futuro decidirá qual o conceito que melhor se ajusta) desse tipo de Estado, encontrando no caminho, como obstáculos mais importunos, os atuais Estados-nações e sua relutância em abandonar o que ainda lhes resta da antiga soberania plena. A direção atual é difícil de traçar sem ambivalência, e prognosticar as suas futuras voltas e reviravoltas é mais difícil ainda (além de irresponsável e imprudente). O *momentum* atual é modelado por duas lógicas diferentes (talvez complementares, mas talvez incompatíveis) – e é impossível decidir, antecipando a história, qual delas acabará prevalecendo. Uma delas é a *lógica do entrincheiramento local*; a outra é a *da responsabilidade e da aspiração globais*.

A primeira lógica é a da expansão quantitativa da base territorial e de recursos para a estratégia da *Standortkonkurrenz* [lugar da concorrência]. Mesmo que não tivesse havido tentativas da parte dos fundadores do Mercado Comum Europeu e de seus sucessores de emancipar as economias de seu incapacitante confinamento à estrutura da *Nationalökonomie*, a "guerra de libertação" atualmente conduzida pelo capital, finanças e comércio contra as "restrições locais", desencadeada e intensificada não por interesses locais, mas por iniciativas globais, de qualquer maneira seria travada e continuaria com a mesma força. O papel das instituições européias *não* consiste em minar a soberania dos Estados-membros e, particularmente, em isentar a atividade econômica de sua interferência controladora (e restritiva) – em suma, não em facilitar, muito menos iniciar, o processo de divórcio entre poder e política. Para esse fim, dificilmente se solicitam os serviços das instituições européias. Sua função consiste, ao contrário, em *conter a maré*: prender os ativos de capital que escaparam das gaiolas do Estado-nação dentro das paliçadas continentais e mantê-los lá. Se o cerco efetivo dos mercados de capitais, financeiro, de mercadorias e de trabalho e o equilíbrio das contas de um único Estado-nação podem tornar-se uma tarefa ainda mais assustadora em vista do crescente poder do capital global, será que o poder combinado dos Estados-nações, separadamente ou em conjunto, seria capaz de contrapor-se a ele e confrontá-lo em termos mais eqüitativos? Em outras palavras, a lógica do entrincheiramento local é a de reconstruir, no nível da União, a rede jurídico-institucional que no passado sustentou a "economia nacional" dentro das fronteiras da soberania territorial do Estado-nação – mas não o faz mais. Porém, como diz Habermas, "a criação de unidades políticas mais amplas em si mesma não muda nada no que se refere ao modo de competição no âmbito local enquanto tal".[8] Vista de uma perspectiva planetária, dificilmente se poderia estabelecer uma distinção entre a estratégia conjunta de uma combinação continental de Estados e os códigos de conduta dos Estados-nações individuais que essa substituiu, enquanto ainda se pauta pela lógica da divisão, separação e cerco – de buscar isenções territoriais para regras e tendências gerais, soluções locais para problemas gerados globalmente.

A lógica da responsabilidade global, por outro lado (e, uma vez que essa responsabilidade seja reconhecida e assumida, também da aspiração global), objetiva, ao menos em princípio, confrontar diretamente – no seu próprio nível – os problemas gerados globalmente. Parte do pressuposto de que soluções duradouras e realmente efetivas para os problemas de âmbito planetário só podem ser encontradas e funcionar por meio da renegociação e reforma da rede de interações e interdependências globais. Em vez de ter como alvos apenas os menores danos e os maiores lucros em termos locais a serem extraídos das guinadas caprichosas e aleatórias das forças econômicas globais, prefere buscar um novo tipo de ambiente global, no qual os passos das iniciativas econômicas em qualquer lugar do planeta não serão mais caprichosos, guiados apenas por ganhos momentâneos, sem prestar atenção aos efeitos secundários e às "baixas colaterais", sem dar importância às dimensões sociais dos cálculos de custos/benefícios. Em suma, essa lógica está voltada, mais uma vez citando Habermas, para o desenvolvimento de uma "política que possa fazer frente aos mercados globais".[9]

Diferentemente da lógica do entrincheiramento local, que no geral repete as persistentes harmonias da filosofia da *raison d'état* universalmente dominante (ou quase) na era do Estado-nação, a lógica da responsabilidade e das aspirações globais nos lança num território desconhecido e inaugura uma era de experimentação política. Rejeita o caminho da defesa local contra tendências planetárias como um beco sem saída já conhecido. Abstém-se (por necessidade, se não por razões de consciência) de recair na estratégia européia ortodoxa de tratar o espaço planetário como uma "*hinterland*" onde seria possível despejar problemas domesticamente produzidos, mas que não podem ser resolvidos em casa. Aceita que seria totalmente inútil adotar a primeira opção com a esperança realista de obter sequer um mínimo de sucesso, ainda que a Europa – tendo perdido o domínio global e vivendo, ao contrário, à sombra de um novo império planetário que só pode se esforçar por conter e mitigar, dificilmente por controlar – não esteja em posição de adotar a segunda opção, não importa quanto sucesso esse caminho tenha rendido no passado e o quanto ainda possa ser tentador.

E assim, quer queira quer não, novas estratégias e táticas inexploradas devem ser buscadas e tentadas, sem a possibilidade de calcular confiantemente, que dirá assegurar, um sucesso definitivo. "No plano global", adverte Habermas, "os problemas de coordenação que já são difíceis no plano europeu crescem ainda mais acentuadamente." Isso ocorre porque a "solidariedade cívica está enraizada em identidades coletivas particulares", ao passo que "a solidariedade cosmopolita tem que sustentar a si mesma somente sobre o universalismo moral dos direitos humanos", ao mesmo tempo em que "a cultura política de uma sociedade mundial carece de uma dimensão ético-política comum, que seria necessária para uma comunidade global correspondente."[10]

Um verdadeiro "Ardil 22": a comunidade que poderia enfatizar uma sensibilidade ética comum e tornar possível a coordenação política, fornecendo assim a condição necessária que se deve estabelecer para que a solidariedade supranacional e supracontinental (na verdade, supracivilizacional) possa germinar e fincar raízes, é difícil de alcançar precisamente porque a "dimensão ético-política" até aqui está ausente e provavelmente continuará assim, ou não alcançará o que é necessário, enquanto a comunidade estiver incompleta. O que a Europa agora enfrenta é a perspectiva de desenvolver, de modo gradual e *simultâneo*, e possivelmente mediante uma longa série de tentativas e erros, seus objetivos *e* as ferramentas apropriadas para enfrentá-los e resolvê-los (Jacques Delors chamou a Europa de hoje de "OPNI" – objeto político não identificado...). Para tornar a tarefa ainda mais assustadora, o derradeiro destino de todo esse trabalho, uma política planetária efetiva com base num diálogo amplo e contínuo, e não num governo planetário, igualmente não tem precedentes. Só a prática histórica pode provar (mas nunca refutar) a sua viabilidade – ou, mais corretamente, *torná-la* viável.

Nós sentimos, imaginamos, suspeitamos o que precisa ser feito. Mas não podemos saber de que forma ou modelo isso acabará acontecendo. Mas podemos estar certos de que a forma não será familiar – será bem diferente de tudo a que estamos acostumados. As instituições políticas à nossa disposição atualmente foram feitas sob medida para a soberania territorial do Estado-nação. Elas resistem à ampliação, e as instituições políticas que ajudarão na autoconstituição da comunidade humana de âmbito planetário não serão, não podem ser, "as mesmas, apenas maiores". Podemos perceber bem que a passagem de agências e instrumentos de ação "internacionais" para instituições "universais" destinadas a toda a humanidade deve ser uma mudança qualitativa, e não apenas quantitativa. E assim podemos avaliar, e temer, se as estruturas da "política global" atualmente disponíveis podem acomodar (de fato, servir de incubadoras) as práticas da constituição política [polity] global emergente. Que dizer das Nações Unidas, por exemplo – destinadas, desde o nascimento, a guardar e defender a soberania indivisível do Estado sobre o seu território? E a força aglutinadora das leis globais – poderá depender do acordo (revogável!) de um membro soberano da "comunidade internacional" para ser obedecida?

Para entender a lógica dos proféticos desvios no pensamento europeu do século XVII, Reinhardt Kosseleck empregou o tropo do "desfiladeiro". É, de fato, mais uma vez uma metáfora feliz, para nós, lutando para prever as reviravoltas e caprichos que o século XXI inevitavelmente trará no seu curso, e para os futuros historiadores, ao escreverem os seus relatos definindo-o em retrospectiva.

Tal como nossos ancestrais três séculos atrás, estamos no declive ascendente de um desfiladeiro que nunca escalamos antes, e portanto não temos nenhuma indicação do tipo de vista que se descortinará diante de nós quando atingirmos o topo. Não temos certeza quanto ao lugar a que a tortuosa garganta nos conduzirá. Só sabemos que não podemos parar e descansar aqui, numa trilha de um desfiladeiro. E assim prosseguimos "porque" – porque não podemos ficar parados muito tempo. Só quando (se) alcançarmos o topo da garganta e examinarmos a paisagem do outro lado é que chegará o momento de prosseguir "a fim de" – puxados em vez de empurrados, e puxados por visões, escolher propósitos e destinos.

Por enquanto, pouco se pode dizer sobre essa época exasperantemente distante, a não ser que esta (ao que se espera) chegue – quer dizer, se ainda houver alpinistas para descobrir que isso aconteceu e falar sobre isso. Eu sugeri tudo isso a Kosseleck, assinalando a raridade dos talentos proféticos e as deficiências notórias da predição científica. Em sua resposta, contudo, Kosseleck acrescentou um argumento ainda mais decisivo: não temos sequer os conceitos para expressar nossa previsão. Tais conceitos são formados na prática da escalada, não antes. Do outro lado do desfiladeiro, alpinistas prudentes devem manter silêncio.

Isso não significa que os alpinistas devam interromper o seu percurso. E no caso dos europeus, conhecidos pela inclinação à aventura e à experimentação, é improvável que o façam. Muitas escolhas difíceis serão necessárias, todas feitas em condições de conhecimento severamente limitado (é exatamente isso que separa a aventura da rotina e da ação sob comando). As chances adversas parecem realmente assustadoras, mas também há esperanças que são tudo, menos vazias, firmemente enraizadas na vida quotidiana dos europeus e manifestas de modo ainda mais irredutível em momentos de crise.

Numa conversa mantida em maio de 2003, Jürgen Habermas e Jacques Derrida afirmaram que 15 de fevereiro de 2003 era "outro 4 de julho", mas agora numa escala totalmente européia: o dia em que nasceu "uma verdadeira consciência comum européia".[11] Naquele dia, milhões de europeus saíram às ruas de Roma, Madri, Paris, Berlim, Londres e outras capitais européias para manifestar a sua condenação unânime à invasão do Iraque, prestes a ser lançada – e mostrar, indiretamente, a sua memória histórica comum dos sofrimentos do passado, assim como a sua repugnância, também comum, à violência e às atrocidades cometidas em nome de rivalidades nacionais.

Madeleine Bunting agradece à Espanha "por nos proporcionar uma escolha" após as explosões terroristas em Madri e a decisão do novo governo de retirar os soldados espanhóis do Iraque. Uma escolha entre políticos que sabem principalmente prometer aos amedrontados e confusos uma "vingança colérica" e mais sangue para derramar e "a mulher espanhola que disse não sentir ódio, apenas tristeza".[12] Os políticos, sugere Bunting, "fariam bem em ouvir e articular a sua civilidade em vez de correrem em direção à metáfora gasta e sem sentido de uma 'guerra contra o terror' ... Não se pode enfrentar o fogo com o fogo, essa era a mensagem implícita das multidões silenciosas" nas ruas das cidades espanholas.

A escolha é entre transformar as nossas cidades em lugares do terror "onde o forasteiro é objeto de temor e suspeita" e sustentar o seu legado de civilidade mútua entre os cidadãos e "solidariedade aos forasteiros", solidariedade essa reforçada pela emergente vitória no mais duro dos testes.

A lógica da responsabilidade/aspiração global, se adotada e priorizada sobre a lógica do entrincheiramento local, pode ajudar a preparar a Europa para a sua esperada aventura, talvez maior do que todas as anteriores. Apesar das chances formidavelmente adversas, isso poderia colocar mais uma vez a Europa no papel de estabelecer padrões no plano global. Pode possibilitar que a Europa empregue os valores e a experiência política/ética de autogoverno democrático que adquiriu a fim de ajudar na substituição de uma série de entidades territorialmente entrincheiradas, engajadas num jogo de soma-zero de sobrevivência, por uma comunidade humana universal, totalmente inclusiva. Só com a realização de tal comunidade é que a missão da Europa pode ser concluída. Só dentro de tal comunidade é que os valores que iluminam as ambições e buscas européias podem estar realmente seguros.

O que jaz pela frente foi profeticamente posto no papel por Franz Kafka[13] – como uma premonição, um aviso e um estímulo:

> Assim, se você não encontrar nada nos corredores, abra as portas, se não encontrar nada atrás dessas portas haverá mais andares, e se não encontrar nada lá em cima, não se preocupe, apenas suba outro lance de escadas. Desde que não pare de subir, as escadas não terminarão; sob seus pés em movimento ascendente, elas continuarão se estendendo acima.

# • Notas •

## 1. Uma aventura chamada "Europa"

1. Denis de Rougemont, "L'aventure mondiale des Européens" (1962), in *Écrits sur l'Europe* (Éditions de la Différence, Paris, 1994).

2. Citado de Cees Nooteboom, *L'Enlèvement d'Europe* (Calmann-Levy, Paris, 1994).

3. Alex Warleigh, *Democracy in the European Union: theory, practice and reform* (Sage, Londres, 2003). Ver também V. Goddard, J. Llobera e C. Shore (orgs.), *The anthropology of European identity and boundaries in conflict* (Berg, Oxford, 1994); e Norman Davies, *Europe: a history* (Pimlico, Londres, 1997).

4. Hans-Georg Gadamer, *Das Erbe Europas* (1989), aqui citado de *L'héritage de l'Europe*, trad. francesa de Philippe Invernel (Rivage Poche, Paris, 1996), p.39-40.

5. Ver Krzysztof Pomian, "Europe et ses frontières", in *L'Europe retrouvée* (Éditions de la Baconière, Neuchâtel, 1992).

6. Ver de Rougemont, "L' aventure mondiale des Européens".

7. Ver Gøran Therborn, "Entangled modernities", *European Journal of Social Theory* (ago. 2003).

8. Ver Eduardo Lourenço, "De l'Europe comme culture", in *L'Europe introuvable* (Éditions Métailié, Paris, 1991).

9. Michel de Montaigne, *The complete essays*, trad. de M. A. Screech (Penguin, Harmondsworth, 1991), p.231.

10. Ver Wolf Lepenies, "Koniec wieku Europy?" (O fim da era européia?), in *Europa Wschodu i Zachodu* (Poznañ, 1998).

11. Naomi Klein, "Fortress continents", *Guardian*, 16 jan. 2003, p.23; publicado pela primeira vez no *Nation*.

12. Jelle van Buuren, "Les tentacules du système Schengen", in *Obsessions sécuritaires*, número de *Manière de Voir* 71 (2003), p.24-6.

13. Citado de Alan Travis, "Tough asylum policy 'hits genuine refugees'", *Guardian*, 29 ago. 2003, p.11.

14. Couze Venn, "World dis/order: on some fundamental questions", *Theory, Culture, Society* (ago. 2002), p.121-36.

15. Antonia Juhasz, "Capitalism gone wild", *Tikkun* 1 (2004), p.19-22.

**16.** Naomi Klein, "America is not a hamburger", *Los Angeles Times*, 10 mar. 2002; reimpr. in Klein, *Fences and windows* (Flamingo, Londres, 2002).
**17.** Ver Naomi Klein, *No logo* (Flamingo, Londres, 2001).
**18.** Ver Klein, *Fences and windows.*
**19.** Ver Ryszard Kapuœciñski, *Lapidarium V* (Varsóvia, 2002).
**20.** Ver Sheldon Rampton e John Stauber, "Trading on fear", *Guardian Weekend*, 12 jul. 2003.
**21.** Joseph Stiglitz, "Trade imbalances", *Guardian*, 15 ago. 2003.
**22.** Ver "L'ampleur des désaccords Nord-Sud met l'OMC en échec", *Le Monde*, 16 set. 2003, p.2.
**23.** Em www.europa-we.de/europa/02wwswww/203chart/chartãgb.htm (acessado em abr. 2004).
**24.** Ver Jürgen Habermas, *The liberating power of symbols* (Polity, Cambridge, 2001).
**25.** V. Inozemtsev e E. Kuznetsova, "European values and American interests", *International Affairs* 3 (2003), p.59-69.
**26.** Will Hutton, *The world we are in* (Little, Brown, Londres, 2002), p.370.
**27.** Ulrich K. Preuss, "The Iraq war: critical reflections from 'Old Europe'", *Constellations* 3 (2003), p.339-51.
**28.** Robert Kagan, "Power and weakness", *Policy Review* (jun.-jul. 2002).
**29.** Étienne Balibar, "Europe: vanishing mediator", *Constellations* 3 (2003), p.312-38.
**30.** Eugen Weber, "The myth of nation-state and the creation of the 'other'", *Critical Review* 3-4 (2003), p.387-402.
**31.** Robert Fine, "Taking the 'ism' out of cosmopolitanism", *European Journal of Social Theory* 6 (2003), p.451-70.
**32.** Ver Richard Rorty, "Globalization, the politics of identity and social hope", in Rorty, *Philosophy and social hope* (Penguin, Harmondsworth, 1999).
**33.** George Monbiot, "With eyes wide shut", *Guardian*, 12 ago. 2003.
**34.** Ver Zygmunt Bauman, *In search of politics* (Polity, Cambridge, 1999) [Edição brasileira: *Em busca da política* (Rio de Janeiro, Jorge Zahar, 2000)]; e *Society under siege* (Polity, Cambridge, 2002).

## 2. À sombra do império

**1.** Zbigniew Brzezinski, *The grand chessboard: American primacy and its geostrategic imperatives* (Basic Books, Nova York, 1997), p.24.
**2.** Henry Kissinger, *Does America need a foreign policy? Toward a diplomacy for the twenty-first century* (Simon and Schuster, Nova York, 2001), p.17.
**3.** Joseph S. Nye Jr., *The paradox of American power* (Oxford University Press, Oxford, 2002), p.1.
**4.** Robert Kagan, *Of paradise and power: America and Europe in the new world order* (Knopf, Nova York, 2003), p.36.
**5.** Michael Mann, *Incoherent empire* (Verso, Londres, 2003), p.13.
**6.** Ibid., p.18.

**7.** Michael Ignatieff, "The burden", *New York Times Magazine*, 5 jan. 2002.
**8.** Tzvetan Todorov, *Le nouveau désordre mondiale* (Robert Laffont, Paris, 2003), p.18.
**9.** Ibid., p.20.
**10.** David Harvey, *The new imperialism* (Oxford University Press, Oxford, 2003), p.23-5.
**11.** Ver John Pilger, "What good friends left behind", *Guardian Weekend*, 20 set. 2003, p.43-9.
**12.** Benjamin R. Barber, *Fear's empire; war, terrorism, and democracy* (W.W. Norton, Nova York, 2003), p.17.
**13.** Jürgen Habermas, *The postnational constellation: political essays*, trad. de Max Pensky (Polity, Cambridge, 2001), p.80, 61.
**14.** Polly Toynbee, "The real reason why we should fear immigration", *Guardian*, 11 fev. 2004, p.20.
**15.** Rorty, "Globalization, the politics of identity and social hope", p.233.
**16.** Richard Rorty, "Back to class politics", in Rorty, *Philosophy and social hope*, p.258.
**17.** Ver Eric Leser, "L'amertume des cols bleus", *Le Monde*, 16 jan.. 2004, p.15.
**18.** Segundo dados coletados por A. Krueger ("Economic scene", *New York Times*, 3 abr. 2003) e J. Madrick ("The Iraq time bomb", *New York Times*, 6 abr. 2003); ver Harvey, *The new imperialism*, p.206.
**19.** No Discurso sobre o Estado da União, 28 jan. 2003.
**20.** Barber, *Fear's empire*, p.37.
**21.** Citado de Mark Seddon, "Bush and Blair promised justice in Iraq. Another lie", *Guardian*, 30 jun. 2003, p.16.
**22.** Num livro de entrevistas conduzidas por Giovanna Borradori, aqui citado segundo a reprodução no *Le Monde Diplomatique*, fev. 2004, p.16, "Qui est-ce que le terrorisme?"
**23.** Habermas, *The postnational constellation*, p.17.
**24.** Barber, *Fear's empire*, p.30.
**25.** Ibid., p.21.
**26.** Harvey, *The new imperialism*, p.141-2.
**27.** Ibid., p.150-1.
**28.** R. Wade e F. Veneroso, "The Asian crisis: the high debt model versus the Wall Street-Treasury-IMF complex", *New Left Review* 228 (1998), p.3-23.
**29.** Kagan, "Power and weakness".
**30.** Balibar, "Europe".
**31.** Harvey, *The new imperialism*, p.16-17.
**32.** Fiz um levantamento desses fatores em meu livro *Work, consumerism and the new poor* (Open University Press, Buckingham, 1998; 2ª ed., 2004).
**33.** Allyson Pollock, "Selling off by stealth is here to stay", *Guardian*, 11 fev. 2004, p.20.
**34.** Habermas, *The postnational constellation*, p.112.
**35.** Ulrich Beck, *Risk society: towards a new modernity*, trad. Mark Ritter (Sage, Londres, 1992), p.75.
**36.** Ver, de minha autoria, *Wasted lives: modernity and its outcasts* (Polity, Cambridge, 2004), p.46-53. [Edição brasileira: *Vidas desperdiçadas: a modernidade e seus excluídos* (Rio de Janeiro: Jorge Zahar, 2005)]

**37.** Ver Balibar, "Europe".
**38.** Umberto Eco, *La recherche de la langue parfaite dans la culture européenne* (Seuil, Paris, 1994).

## 3. Do Estado social ao Estado da segurança

**1.** Ver Franz Kafka, "A toca", aqui citado da tradução de Willa e Edwin Muir para *The collected stories of Franz Kafka*, org. por Nahum N. Glatzer (Penguin, Harmondsworth, 1988), p.325-59.
**2.** Robert Castel, *L'insécurité sociale. Qu'est-ce qu'être protégé?* (Seuil, Paris, 2003), p.5.
**3.** Sigmund Freud, *Civilization and its discontents*, aqui citado da edição Penguin Freud Library, vol. 12, p.274 ss.
**4.** Castel, *L'insécurité sociale*, p.6.
**5.** Ibid., p.22.
**6.** Ibid., p.46.
**7.** Ver, de minha autoria, *Individualized society* (Polity, Cambridge, 2002).
**8.** Ver Castel, *L'insécurité sociale*, p.47 ss.
**9.** Barber, *Fear's empire*, p.158 ss.
**10.** Citado de "Asylum: a strategy emerges", *Guardian*, 25 fev. 2004, p.1.
**11.** Ver Alain Morice, "L'Europe enterre le droit d'asile", *Le Monde Diplomatique*, mar. 2004, p.14-15.
**12.** "Une généalogie de l'insécurité contemporaine", entrevista com Philippe Robert, *Esprit*, dez. 2002, p.35-58.
**13.** Richard Sennett, *The corrosion of character* (W.W. Norton, Nova York, 1998), p.43.
**14.** Jacques Donzelot, "Les nouvelles inégalités et la fragmentation territoriale", *Esprit*, nov. 2003, p.132-57.
**15.** Ver, de minha autoria, *Liquid love* (Polity, Cambridge, 2003). [Edição brasileira: *Amor líquido* (Rio de Janeiro: Jorge Zahar, 2004)]
**16.** Weber, "The myth of the nation-state".
**17.** Jo Goodey, "Whose insecurity? Organized crime, its victims and the EU", in *Crime and insecurity: the governance of safety in Europe*, org. por Adam Crawford (Willan Publishing, Cullompton, Devon, 2002), p.136 ss.
**18.** Rory Carroll, "In praise of smugglers", *Guardian*, 2 set. 2000, p.8.

## 4. Rumo a um mundo hospitaleiro à Europa

**1.** Ver Todorov, *Le nouveau désordre mondiale*, p.87 ss.
**2.** Cornelius Castoriadis, "L'individu privatisé", entrevista concedida a Robert Redeker em Toulouse, 22 mar. 1997, reimpressa no *Le Monde Diplomatique*, fev. 1998, p.23.
**3.** Ver Lionel Jospin, "Solidarity or playing solitaire", *Hedgehog Review* (primavera de 2003), p.32-44.
**4.** Ver, por exemplo, Cris Shore, "Whither European citizenship?", *European Journal of Social Theory* (fev. 2004), p.27-44.
**5.** Habermas, *The postnational constellation*, p.76.

**6.** Ibid., p.102.
**7.** Ibid., p.101.
**8.** Ibid., p.104.
**9.** Ibid., p.109.
**10.** Ibid., p.104, 108.
**11.** Ver Jan-Werner Müller, "Europe. Le pouvoir des sentiments: l'euro-patriotisme en question?", *La Vie des Idées* (abr.-mai. 2004), p.19.
**12.** Ver Madeleine Bunting, "Listen to the crowds", *Guardian*, 13 mar. 2004, p.21.
**13.** Franz Kafka, "Advocates", trad. Tania Stern e James Stern, in *The collected short stories of Franz Kafka*, p.451.

# • Índice remissivo •

# • Agradecimentos •

Sou grato a Giuseppe Laterza e John Thompson por me convencerem a ampliar um texto preparado exclusivamente para uma palestra em Leyden e transformá-lo num estudo mais amplo sobre as atuais perspectivas da luta da Europa por unidade, razão e consciência ética num mundo cada vez mais fragmentado pelas paixões e confusão ética. Foi graças a eles que me arrisquei a assumir essa tarefa, embora as falhas na sua realização sejam de minha plena responsabilidade.

Também agradeço, mais uma vez, à responsável pela editoração, Ann Bonne, cuja paciência infinita se mostrou neste caso particularmente preciosa, já que o tema mudava mais depressa do que a escrita conseguia avançar...

Este livro foi composto por Textos & Formas Ltda.,
em Minion e Avenir, e impresso por
Bartira em janeiro de 2006.